2014 职（执）业资格考试辅导丛书

公路工程监理工程师考试辅导用书

Gonglu Gongcheng Jingji Moni Lianxi yu Tijie

《公路工程经济》模拟练习与题解

杨玉胜　何培勇　朱文喜　李晶晶　主编

人民交通出版社股份有限公司

内 容 提 要

本书为公路工程监理工程师考试辅导用书之一，分为专项训练和模拟试卷两部分，试题严格按照考试大纲要求的各知识点，结合历年考试真题编写，每道题均配有参考答案和详细的解析。

本书可供参加公路工程监理工程师过渡考试的人员复习参考。

图书在版编目（CIP）数据

《公路工程经济》模拟练习与题解 / 杨玉胜等主编
—北京：人民交通出版社股份有限公司，2014. 8
公路工程监理工程师考试辅导用书
ISBN 978-7-114-11623-0

Ⅰ. ①公… Ⅱ. ①杨… Ⅲ. ①道路工程－工程经济－资格考试－题解 Ⅳ. ①F540. 3-44

中国版本图书馆 CIP 数据核字（2014）第 182277 号

公路工程监理工程师考试辅导用书
书　　名：《公路工程经济》模拟练习与题解
著 作 者：杨玉胜　何培勇　朱文喜　李晶晶
责任编辑：刘永超　周　宇
出版发行：人民交通出版社股份有限公司
地　　址：（100011）北京市朝阳区安定门外外馆斜街 3 号
网　　址：http：//www. ccpress. com. cn
销售电话：（010）59757973
总 经 销：人民交通出版社股份有限公司发行部
经　　销：各地新华书店
印　　刷：大厂回族自治县正兴印务有限公司
开　　本：787 × 1092　1/16
印　　张：9. 75
字　　数：217 千
版　　次：2014 年 8 月　第 1 版
印　　次：2019 年 6 月　第 2 次印刷
书　　号：ISBN 978-7-114-11623-0
定　　价：26. 00 元

前　言

为了规范公路工程监理工程师管理，提高公路工程监理队伍的整体素质，交通运输部（原交通部）自2004年开始组织实施公路工程监理工程师考试。

为满足广大考生复习备考的需要，我们依据交通运输部最新颁布的《交通运输部公路水运工程监理工程师过渡考试大纲》（以下简称考试大纲）和《公路工程监理培训用书》（以下简称培训用书），参考近几年的考试真题中各知识点的分值分布情况，结合主编的教学及培训工作经验，编写了《<公路工程经济>模拟练习与题解》这本考试辅导用书。本书紧扣考试大纲各考点，编制了有针对性的模拟练习题，通过各考点的专项习题训练，使考生能够对各考点相关内容加深记忆和理解，达到“以练促学”的目的。同时，本书针对每道题都编制了较为详细的试题解析，内容依据培训用书和公路工程相关标准规范及法规文件，力求涵盖全部考试内容，考生可结合试题解析对易错点和重点、难点内容进行更加有针对性的复习。

本书由长沙理工大学杨玉胜、越秀交通基建有限公司何培勇、长沙理工大学朱文喜和李晶晶主编。由于编者水平有限，加之时间较为仓促，本书在编写过程中虽经数次推敲核证，但难免有疏漏或不妥之处，恳请广大读者批评指正，以便我们修订再版时完善，如有问题或有建议，请发邮件至yysh7012@163.com。

最后真诚祝愿使用本书的各位考生能顺利通过考试！

编　者

2014年8月

目 录

第一部分 专项练习题

第二部分 专项练习题参考答案及解析

第三部分 模 拟 试 卷

第四部分 模拟试卷参考答案及解析

目　录

第一部分　专项练习

第二部分　专项练习题参考答案及解析

第三部分　模拟试卷

第四部分　模拟试卷参考答案及解析

第一部分　专项练习题

考点1　工程经济管理

一、单项选择题

1. 敏感性因素是指（　　）的因素。
A. 发生较小幅度变化就引起经济评价指标发生较大变动
B. 发生较大幅度变化就引起经济评价指标发生较大变动
C. 发生较小幅度变化就引起经济评价指标发生较小变动
D. 发生较大幅度变化就引起经济评价指标发生较小变动

2. 某建设项目年设计生产能力为10 000台，产品单台销售价格为800元，年固定成本为132万元，单位产品可变成本360元，单台产品销售税金为40元，则盈亏平衡点为（　　）。
A. 3 000台　　B. 3 500台
C. 3 200台　　D. 3 300台

3. 在概率分析中，不确定因素的概率分布是（　　）。
A. 未知的　　B. 已知的
C. 不确定的　　D. 随机的

4. 在进行盈亏平衡分析时，项目的可变成本是（　　）。
A. 随时间的变化而变化　　B. 随销售收入变化而变化
C. 随产量变化而变化　　D. 随单价产品价格变化而变化

5. 对于大型复杂的项目，应用价值工程的重点应放在（　　）。
A. 项目投资决算阶段　　B. 项目研究设计阶段
C. 项目制造运行阶段　　D. 项目后评价阶段

6. 价值工程的目标在于提高工程对象的价值，它追求的是（　　）。
A. 满足用户最大限度需求的功能　　B. 投资费用最低时的功能
C. 寿命周期费用最低时的必要功能　　D. 使用费用最低时的功能

7. 价值工程是以提高产品或作业的价值为目的，价值工程涉及的三个基本要素是（　　）。
A. 价值、功能、寿命周期成本
B. 大小、方向、作用点
C. 对象选择、组成工作组、制订计划
D. 功能定义、功能整理、功能评价

8. 能够导致利率升高的因素是指（　　）。
A. 社会平均利润率的降低　　B. 借贷资本供过于求

C. 借出资本承担比较大的风险　　D. 借出资本的期限比较短

9. 在下列关于现金流量图的表述中，错误的是（　　）。

A. 以横轴为时间轴，零表示时间序列的起点

B. 纵轴箭线与时间轴的交点即为现金流量发生的时间

C. 纵轴用箭线标示不同时间点的现金流入与流出

D. 垂直箭线箭头的方向是对特定的人而言的

10. 某建设单位拟向银行贷款订购设备，有两家银行可供选择，甲银行年利率10%，计息期1年，乙银行年利率10%，计息期半年，按复利计息，因此，建设单位的结论是（　　）。

A. 甲银行年实际利率高于乙银行实际利率

B. 乙银行实际利率高于甲银行年实际利率

C. 两家银行的年实际利率完全相同

D. 两家银行的年实际利率相同，但偿还利息次数不同

11. 某施工企业为购买新实验设备，向银行贷款100万元，年利率为10%，该企业计划分10年等额偿还，当该企业偿还贷款5次后，决定将余下贷款在第10年末一次归还，应归还（　　）万元。已知：（A/P，10%，10）=0.162 75；（F/A，10%，5）=6.105。

A. 83.625　　B. 81.375

C. 16.275　　D. 99.359

12. 下列关于内部收益率的表述中，错误的是（　　）。

A. 在计算中所得到的内部收益率的精度与（$i_2 - i_1$）的大小有关

B. 线性插值试算法求得的内部收益率是近似解

C. 采用线性插值计算法可以计算具有常规现金流量和非常规现金流量的投资方案的内部收益率

D. 对具有非常规现金流量的项目，内部收益率的存在可能不是唯一的

13. 在评价投资方案经济效果时，与静态评价方法相比，动态评价方法的最大特点是（　　）。

A. 考虑了资金的时间价值　　B. 适用于投资方案的粗略评价

C. 适用于逐年收益不同的投资方案　　D. 反映了短期投资效果

14. 某建设项目有A、B、C三个方案，寿命期均为10年，按投资额由小到大排序为C<B<A，方案B对于C的差额内部收益率为14.5%，方案A对于B的差额内部收益率为9.5%，基准收益率为10%，则最佳方案为（　　）。

A. A方案　　B. B方案

C. C方案　　D. 无法确定

15. 有三个相互独立的投资方案甲、乙、丙，所有方案寿命均为10年，残值为0，基准收益率10%，可利用资本18万元，项目有关数据见下表，（P/A，10%，10）=6.145，则最优方案为（　　）。

方　　案	初始费用（万元）	年现金流量（万元）
甲	10	1.7
乙	6	1.3
丙	8	1.6

A. 甲、乙、丙　　B. 甲、丙

C. 乙、丙　　D. 甲、乙

16. 某桥梁工程项目有四个可能的建桥位置，其现金流量如下表，基准收益率为10%，则（　　）为最佳桥位。

方　　案	A 桥　位	B 桥　位	C 桥　位	D 桥　位
初始投资（万元）	200	275	190	350
年净收益（万元）	22	35	19.5	42
寿命（年）	30	30	30	30

A. A桥位　　B. B桥位

C. C桥位　　D. D桥位

17. 价值工程分析阶段的工作步骤是（　　）。

A. 功能整理—功能定义—功能评价—功能成本分析—确定改进范围

B. 功能定义—功能整理—功能成本分析—功能评价—确定改进范围

C. 功能定义—功能评价—功能整理—功能成本分析—确定改进范围

D. 功能整理—功能定义—功能成本分析—功能评价—确定改进范围

18. 某工程有①②③三个方案，分析后获得的结果是：方案①，功能评价系数0.6，成本评价系数0.5；方案②，功能评价系数0.65，成本评价系数0.6；方案③，功能评价系数0.67，成本评价系数0.48。按价值工程原理确定的最优方案是（　　）。

A. ①　　B. ②

C. ③　　D. ①和②

19. 价值工程是研究如何以最少的人力、物力、财力和时间获得（　　）的技术经济分析方法。

A. 经济效益　　B. 社会效益

C. 必要功能　　D. 最大价值

20. 某建设项目的计算期为10年，基准收益率为10%，经计算静态投资回收期为7年，动态投资回收期为12年，则该项目的财务内部收益率为（　　）。

A. $FIRR=0$　　B. $0<FIRR<10\%$

C. $FIRR=10\%$　　D. $FIRR>10\%$

二、多项选择题

1. 不确定性分析中可同时用于财务评价和国民经济评价的方法有（　　）。

A. 盈亏平衡分析　　B. 敏感性分析
C. 净现值分析　　D. 概率分析
E. 投资收益率分析

2. 对建设项目进行不确定分析的目的有（　　）。
A. 提高投资决策的科学性
B. 预测项目承担风险的能力
C. 增加项目的经济效益
D. 确定项目财务上的可靠性
E. 减少不确定性对经济效果评价的影响

3. 下列关于不确定性的有关表述中，正确的有（　　）。
A. 不确定性分析包括不确定性分析与风险分析
B. 不确定性的直接后果是使方案经济效果的实际值与评价值相偏离
C. 根据不确定性分析，可估计其风险的承受能力
D. 常用的不确定分析方法有盈亏平衡分析、敏感性分析、概率分析
E. 对同类项目，它们的不确定性程度大小一样；对异类项目，不确定性程度大小不一样

4. 下列关于不确定性分析的说法，正确的是（　　）。
A. 盈亏平衡的收入等于成本的点，即利润为零的点
B. 超过临界点，项目的效益指标将不可行
C. 不确定性分析包括不确定性分析与风险分析
D. 常用的不确定分析方法有盈亏平衡分析、敏感性分析、概率分析
E. 盈亏平衡点的高低反映了项目风险性的大小

5. 关于价值工程的论述，正确的有（　　）。
A. 价值工程以研究产品功能为核心，通过改善功能结构达到降低成本的目标
B. 价值工程中，功能分析的目的是补充不足的功能
C. 价值工程中的成本是指生产成本
D. 价值工程中的价值是指单位成本所获得的功能水平
E. 价值工程在产品设计阶段效果最显著

6. 价值工程涉及价值、功能和寿命周期成本三个基本要素，其特点包括（　　）。
A. 价值工程的核心是对产品进行功能分析
B. 价值工程要求将功能定量化，即将功能转化为能够与成本直接相比的量化值
C. 价值工程的目标是以最低的生产成本，使产品具备其所必备的功能
D. 价值工程是以集体智慧开展的有计划、有组织的管理活动
E. 价值工程中的价值，是指对象的使用价值，而不是交换价值

7. 现金流量图可以反映的信息包括（　　）。
A. 现金流量的大小　　B. 现金流量发生的时间点

C. 净现值的大小　　D. 投资回收的快慢

E. 现金流量的方向

8. 有关资金的时间价值的选项，叙述正确的有（　　）。

A. 资金的价值不随时间的变化而变化

B. 资金的时间价值是指货币作为社会生产资金投入生产或流通领域，参与再生产过程，就会带来利润，得到增值

C. 资金的时间价值是客观存在的

D. 资金具有时间价值，即使两笔金额相等的资金，如果发生在不同时期，其实际价值量也是不相等的

E. 资金的时间价值表现为利息与利润

9. 已知折现率 $i>0$，下面所给现金流量图表示（　　）。

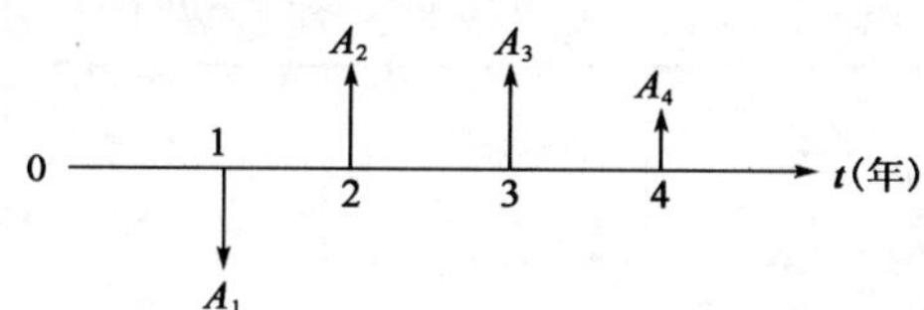

A. A_1 为现金流出

B. A_2 发生在第 3 年年初

C. A_3 发生在第 3 年年末

D. A_4 的流量大于 A_3 的流量

E. 若 A_2 与 A_3 流量相等，则 A_2 与 A_3 的价值相等

10. 建设项目财务评价常用的静态评价指标有（　　）。

A. 比率　　B. 投资利润率

C. 利息备付率　　D. 静态投资回收期

E. 财务内部收益率

11. 采用静态评价方法对互斥型投资方案进行经济效果评价，不能充分反映（　　）。

A. 投资回收以后方案的收益

B. 增量投资带来的效益

C. 增量净收益来补偿增量投资的年限

D. 方案使用年限终了时的残值

E. 方案使用过程中追加的投资及其效果

12. 下列有关基准收益率确定和选用要求的表述中，正确的有（　　）。

A. 基准收益率应由国家统一规定，投资者不得擅自确定

B. 从不同角度编制的现金流量表应选用不同的基准收益率

C. 资金成本和机会成本是确定基准收益率的基础

D. 选用的基准收益率不应考虑通货膨胀的影响

E. 选用的基准收益率应考虑投资风险的影响

13. 对经济效果评价的内容和方法，理解正确的有（　　）。

A. 盈利能力分析就是分析和测算项目计算期内的投资回收能力

B. 对于逐年收益大致相等的项目，既可用静态评价方法，又可用动态评价方法

C. 动态评价方法考虑了利率的影响，时间的影响在此忽略不计

D. 静态评价方法适用于对短期投资项目进行评价

E. 方案初选阶段可采用静态评价方法

14. 适用于进行寿命期不同的互斥方案比较和选择的方法有（　　）。

A. 净现值法　　B. 差额内部收益率法

C. 净现值率法　　D. 年值法

E. 最小公倍数法

15. 现有 A、B 两个项目的现金流量（单位：万元）如下表所示，基准收益率为 10%。

年序 / 项目	1	2	3 ~ 7	8	9	10
A	-640	-425	360	520	—	—
B	-1 300	-820	660	660	660	950

根据表中资料特点，进行方案比较与选择时应采用（　　）。

A. 年值法　　B. 最小公倍数法

C. 研究期法　　D. 差额内部收益率法

D. 差额效益费用比法

16. 对净现值法的观点不正确的是（　　）。

A. 内部收益率 *IRR*，当 *IRR* 小于等于内部收益率的标准 i_c 时，认为项目盈利

B. 净现值法考虑资金的时间价值，考虑项目计算期全部的现金流量

C. 财务净现值的公式：$FNPV = \sum_{i=1}^{n}[(CI - CO)_t(1+i)^{-t}]$

D. 净现值不考虑现金流在各年的时间排序情况

E. 对于同一方案，净现值法和内部收益率法的评价结果相同

17. 价值工程的工作步骤包括（　　）。

A. 对象选择

B. 信息资料的收集

C. 评价方法的选择

D. 功能系统分析与功能评价

E. 方案创新的技术方法

18. 对于某产品进行功能评价，若某零部件的价值指数 $V_i > 1$，可能的情况有（　　）。

A. 功能现实成本高于功能评价值

B. 该部件功能比较重要，但分配的成本较小

C. 可能功能与成本分配比较理想

D. 可能有不必要的功能

E. 有可能需要提高成本

19. 价值工程分析阶段的工作步骤包括（　　）。

A. 收集整理信息资料

B. 功能系统分析

C. 综合研究

D. 功能评价

E. 方案创新

20. 资金等值取决的因素有（　　）。

A. 金额大小　　B. 资金发生的时间

C. 交易条件　　D. 资金发生的地点

E. 利率

三、判断题

1. 不确定性分析法与风险分析法没有区别。（　　）

2. 对建设项目进行不确定性分析就是尽量弄清和减少不确定因素对经济效果评价的影响，预测项目承担风险的能力，确定项目在财务、经济上的可靠性。（　　）

3. 价值工程侧重于设计阶段开展工作，以提高产品价值为中心。（　　）

4. 价值工程既强调“物美”，又强调“价廉”。（　　）

5. 某建设单位拟向银行贷款订购设备，有两家银行可供选择，甲银行年利率 10.2%，计息期 1 年，乙银行年利率 10%，计息期半年，按复利计息，因此，建设单位的结论是甲银行年实际利率高于乙银行实际利率。（　　）

6. 资金作为生产的基本要素，进入生产和流通领域所产生的利润，使得资金具有时间价值。（　　）

7. 对于常规现金流量模型的单方案工程项目评价时，净现值法和内部收益率法的评价结果相同。（　　）

8. 用内部收益率指标用于多方案排序时，有时会得出错误的结论。（　　）

四、综合分析题

1. ××桥梁工程上部构造设计为 40m 跨径的预应力混凝土 T 形梁，有两种方案可供选择。方案 A 为预制安装 T 形梁，方案 B 为搭支架现浇 T 形梁。

已知：每片梁的混凝土数量为 25m^3，每孔由 6 片梁组成，混凝土拌和站的场地处理费用为 250 000 元，拌和站设备摊销及维修费用为 15 000 元/月；现浇 T 形梁混凝土的费用为 610 元/m^3，预制安装 T 形梁混凝土的费用为 720 元/m^3；现浇混凝土运输费用为 20 元/m^3，预制构件运输费用为 25 元/m^3；大型预制构件底座的费用为 26 000 元，现场支架的费用为 130 元/m^3 混凝土；现浇一孔 T 形梁时间为 50 天，每片梁的预制周期为 8 天。

问题：

（1）当混凝土数量为多少时，A、B 两个方案的施工成本是一致的？

（2）假设该桥梁的长度为 405m，此时 A、B 两个方案哪一个更经济？

2. 某高速公路沥青路面项目，路线长 36km，行车道宽 22m，沥青混凝土厚度 18cm。在距离路线两段 1/3 处各 1 处较平整场地适宜设置沥青拌和场，上路距离均为 200m，根据经验估计每设置 1 处拌和场的费用为 90 万元。施工组织提出了设 1 处和 2 处拌和场的两种施工组织方案进行比较。已知：12t 自卸汽车运输第 1 个 1km 的价格为 5 912 元/1 000m^3，每增运 0. 5km（10km 以内）的价格为 523 元/1 000m^3，每增运 0. 5km（15km 以内）的价格为 492 元/1 000m^3，运距尾数不足 500m 一半时不计，超过一半时按一个运距单位计算。

问题：请从经济角度出发，选择费用较省的施工组织方案。

考点2　工程概预算与竣工决算

一、单项选择题

1. 下列不属于施工图预算编制依据的是（　　）。

A. 工程量清单　　B. 施工组织设计

C. 有关的政策法规　　D. 工程量计算规则

2. 以下不属于竣工决算编制依据的是（　　）。

A. 预算定额　　B. 合同价

C. 实际完成的工程量　　D. 竣工图纸

3. 在施工图设计阶段，编制施工图预算时采用的是（　　）。

A. 预算定额　　B. 概算定额

C. 概算指标　　D. 企业定额

4. 工程建设定额是由多种类、多层次定额结合而成的有机整体，其结构复杂、层次鲜明、目标明确。这体现工程建设定额的（　　）的特点。

A. 统一性　　B. 科学性

C. 稳定性　　D. 系统性

5. 工程建设定额和生产力发展水平相适应，反映出工程建设中生产消费的客观规律，这体现了工程建设定额的（　　）特点。

A. 系统性　　B. 科学性

C. 权威性　　D. 统一性

6. 劳动消耗定额有两种表现形式：时间定额和产量定额，时间定额与产量定额的关系是（　　）。

A. 时间定额等于产量定额　　B. 互为倒数

C. 时间定额大于产量定额　　D. 无相关关系

7. 在定额应用时关于定额抽换的说法错误的是（　　）。

A. 水泥混凝土强度等级与定额不同时，可以进行抽换

B. 设计用光圆钢筋、带肋钢筋比例与定额比例不同时，可以进行抽换

C. 就地浇筑钢筋混凝土用的支架因施工安排达不到规定的周转次数时，可以进行换算

D. 施工组织与定额的规定不同时，可以进行抽换

8. 公路工程概算定额和预算定额中路基土方的计量单位1 000m^3指（　　）。

A. 设计断面方体积加一定百分数

B. 设计断面方体积

C. 挖方天然密实方和填方压实方体积分别计算

D. 计价方体积

9. 在编制概（预）算时，概（预）算定额中的工程量计量单位（　　）。

A. 允许改变　　B. 不允许改变

C. 可按设计文件中的计量单位采用　　D. 自行确定

10. 在编制公路工程概（预）算计算计价工程量时，挖方数量按（　　）计算。

A. 设计断面松方体积　　B. 设计断面压实体积

C. 设计断面天然密实体积　　D. 设计断面混合体积

11. 公路建设项目竣工决算是以（　　）为主进行编制的。

A. 施工单位　　B. 设计单位

C. 监理单位　　D. 建设单位

12. 公路建设项目竣工决算的核心内容是（　　）。

A. 工程造价的对比分析　　B. 工程竣工图

C. 竣工财务决算　　D. 竣工工程量分析

13. 建设项目竣工验收投入使用后，新增固定资产价值的计算以（　　）为对象。

A. 整个建设项目　　B. 单位工程

C. 分部分项工程　　D. 单项工程

14. 某公司购买一批材料，已知材料原价为 2 500 元/t，现购 5t，手续费 800 元，包装费 500 元，运输费 2 000 元，包装品回收价值为 200 元，采购保管费率为 2%，则该批材料的预算价格为（　　）元。

A. 15 912　　B. 16 320

C. 15 916　　D. 15 100

15. 施工企业 6 个月以上的病假人员工资应列入（　　）中。

A. 职工福利费　　B. 生产工人辅助工资

C. 劳动保险费　　D. 工资性补贴

16. 公路建筑安装工程费包括建筑工程费和安装工程费两部分，其中安装工程费是指为安装（　　）的费用。

A. 营运、养护、管理所需设备　　B. 钢结构工程构件

C. 混凝土预制构件　　D. 施工机械、设备

17. 某新建项目，建设期为 2 年，共向银行贷款 1 200 万元，贷款时间为：第一年 500 万元，第二年为 700 万元。年利率为 10%，则建设期各年利息分别为（　　）万元。

A. 25、35　　B. 25、87.5

C. 25、83.5　　D. 25、90

18. 对采购来的高强度等级水泥进行强度试验，以鉴定它的质量，检验过程支出的各种费用应计入（　　）。

A. 建安工程其他工程费　　B. 研究试验费

C. 建安工程直接费　　D. 建安工程企业管理费

19. 场地清理费用属于（　　）。

A. 建设单位管理费　　B. 施工现场管理费

C. 施工企业管理费　　D. 其他工程费

20. 特殊施工期（冬、雨季）增加费用应（　　）。

A. 按定额费率常年计取，包干使用　　B. 按冬、雨季施工期规定费率计取

C. 按实际发生费用计取　　D. 按测算费用计取

21. 以下不属于直接工程费中材料费的是（　　）。

A. 混凝土工程的模板　　B. 混凝土工程的添加剂

C. 修建实验室用的混凝土　　D. 预制底座的混凝土

22. 在工程项目交付使用资产总表中，土地使用权用出让金列入（　　）。

A. 固定资产　　B. 流动资产

C. 无形资产　　D. 其他资产

23. 建筑安装工程费中利润的计算公式是（　　）。

A. 直接工程费×利润率

B. （直接费+间接费-规费）×利润率

C. （直接费+间接费）×利润率

D. （直接工程费+间接费）×利润率

24. 某工程人工费为100万元，材料费为500万元，施工机械使用费为300万元，其他工程费50万元，规费的费用40%，则该工程的规费为（　　）万元。

A. 40　　B. 80

C. 60　　D. 360

25. 工程定位复测的费用属于（　　）。

A. 建设单位管理费　　B. 施工现场管理费

C. 施工企业管理费　　D. 其他工程费

二、多项选择题

1. 施工图设计阶段编制工程造价文件采用的主要计价依据包括（　　）。

A. 公路工程预算定额

B. 公路工程概算定额

C. 公路工程基本建设项目概算预算编制办法

D. 公路工程施工定额

E. 公路工程估算指标

2. 竣工决算的编制依据包括（　　）。

A. 批准的设计文件，以及批准的概（预）算或调整概（预）算文件

B. 招标文件、标底（如果有）及与各有关单位签订的合同文件等

C. 设计变更、现场施工签证等建设过程中的文件及有关支付凭证

D. 竣工图及各种竣工验收资料

E. 竣工验收报告

3. 关于施工定额作用的说法，正确的有（　　）。

A. 施工定额是企业编制施工组织设计的依据

B. 施工定额是计算工人计件工资的基础

C. 施工定额是编制施工预算的基础

D. 施工定额是组织和指挥施工生产的有效工具

E. 施工定额是编制竣工结算的依据

4. 按定额所消耗的物质内容分，定额可分为（　　）。

A. 预算定额　　B. 劳动定额

C. 材料定额　　D. 施工定额

E. 机械定额

5. 路基填方工程数量除设计地面高程断面范围内的数量外，尚应计算（　　）。

A. 清除表土或零填方地段的基底压实后，回填至原地面高程所需的填方数量

B. 耕地填前压实后，回填至原地面高程所需的填方数量

C. 因路基沉降需增加填筑的填方数量

D. 为保证路基边缘的压实度需加宽填筑时，所需的填方数量

E. 排水、防护、桥涵等工程的开挖基坑土方的数量

6. 材料消耗定额是指完成一定合格产品所需消耗材料的数量标准，材料消耗定额包括材料净用量定额和材料损耗量定额，材料损耗量指的是（　　）。

A. 运输损耗量　　B. 不可避免废料

C. 周转损耗量　　D. 不可避免材料损耗

E. 施工备用量

7. 以下关于路基土石方数量的计算中，说法正确的是（　　）。

A. 挖方按设计断面松方体积计算

B. 利用方按设计断面压实体积计算

C. 弃方按天然密实体积计算

D. 借方按设计断面天然密实体积计算

E. 填方按设计断面压实体积计算

8. 竣工决算报告情况说明书对工程总的评价，是从工程的（　　）四方面进行分析说明。

A. 进度　　B. 质量

C. 安全　　D. 造价

E. 组织机构

9. 建设项目的竣工决算由（　　）组成。

A. 竣工验收标准　　B. 竣工决算报告说明书

C. 竣工工程平面示意图　　D. 竣工决算报表

E. 工程造价比较分析

10. 编制公路工程概预算文件，在计算建筑安装工程费之前，必须先完成的表格是（　　）。

A. 设备、工具、器具购置费计算表（05 表）

B. 其他工程费及间接费综合费率计算表（04 表）

C. 辅助生产工、料、机械台班单价数量表（12 表）

D. 工程建设其他费用及回收金额计算表（06 表）

E. 人工、材料、机械台班单价汇总表（07 表）

11. 建安工程直接工程费中的人工费主要包括（　　）。

A. 生产工人的基本工资　　B. 管理人员的基本工资

C. 生产人员的工资性补贴　　D. 生产人员的劳动保护费

E. 机械操作人员的工资

12. 下列应列入直接工程费中人工费的有（　　）。

A. 生产工人劳动保护费　　B. 生产工人探亲假期工资

C. 退休工资　　D. 生产工人福利费

E. 生产工人教育经费

13. 影响材料预算价格变动的主要因素有（　　）。

A. 材料生产成本　　B. 材料供应体制

C. 市场需求情况　　D. 运输距离及方式

E. 材料的消耗水平

14. 编制概预算时需计算直接费，下列费用属于直接工程费的有（　　）。

A. 现场管理费　　B. 材料费

C. 施工机械费　　D. 税金

E. 人工费

15. 属于建筑安装工程费用中的项目包括（　　）。

A. 直接工程费　　B. 设备及工具、器具购置费

C. 工程建设其他费用　　D. 预备费

E. 特殊季节施工措施费

16. 规费系指法律、法规、规章、规程规定施工企业必须缴纳的费用，包括（　　）。

A. 养老保险费　　B. 失业保险费

C. 劳动保险费　　D. 医疗保险费

E. 工伤保险费

17. 建设项目管理费包括（　　）。

A. 建设单位管理费　　B. 设计文件审查费

C. 工程监理费
D. 工程质量监督费
E. 建设项目前期工作费

18. 属于其他工程费用的有（　　）。
A. 临时设施费
B. 生产工具用具使用费
C. 固定资产使用费
D. 夜间施工增加费
E. 排污费

19. 建设项目管理费包括（　　）。
A. 研究项目试验费
B. 建设单位管理费
C. 生产人员培训费
D. 工程监理费
E. 竣（交）工验收试验检测费

20. 企业管理费中的其他单项费用是（　　）。
A. 现场管理人员工资
B. 主副食运费补贴
C. 办公费
D. 固定资产使用费
E. 职工探亲路费

21. 建设工程竣工决算时，计入新增固定资产价值的有（　　）。
A. 生产准备费
B. 工程监理费
C. 土地使用权出让金
D. 联合试运转费
E. 预备费

22. 在竣工决算中，属于新增固定资产价值的有（　　）。
A. 生产准备费
B. 建设单位管理费
C. 研究试验费
D. 土地使用权出让金
E. 工程监理费

23. 下列（　　）内容应计入建设单位（业主）管理费。
A. 建设单位工作人员工资、工资性津贴
B. 建设单位的临时设施及管理费用性质的开支
C. 采购本建设工程用的设备、材料所发生的采购及保管费
D. 办理“土地、青苗等补偿费”的工作人员所发生的费用
E. 招标代理费

24. 以下关于利润的计算公式正确的是（　　）。
A. 利润 =（直接工程费 + 其他工程费 + 间接费 − 规费）× 利润率
B. 利润 =（直接费 + 其他工程费 + 企业管理费）× 利润率
C. 利润 =（人工费 + 材料费 + 机械使用费 + 其他工程费 + 间接费 − 规费）× 利润率
D. 利润 =（直接工程费 + 其他工程费 + 企业管理费）× 利润率
E. 利润 =（直接费 + 间接费）× 利润率

25. 各类工程施工管理费（其他工程费、间接费）费率的大小，取决于工程管理的主要因素是（　　）。

A. 工程的困难和复杂程度　　B. 公路建设等级与规模
C. 工程所在地的自然条件　　D. 工程所在地的社会条件
E. 管理人员工资

三、判断题

1. 设计概算的编制工作是和初步勘察设计同步开展和进行的。（　）

2. 施工定额在建筑安装企业管理的各个环节中都是不可缺少的，施工定额管理是企业的基础性工作，具有不容忽视的作用。（　）

3. 劳动定额有两种表现形式，即时间定额和产量定额，两者互为倒数。（　）

4. 施工企业投标报价要受到国家颁布的定额和造价编制办法的约束，不能过多地偏离定额和造价编制办法的规定。（　）

5. 在公路工程预算定额中，混凝土工程的模板是按规定的周转次数摊销计入定额的，在实际施工中可按具体的周转摊销次数换算模板的消耗量。（　）

6. 在编制施工图预算时，可按照实际施工组织的要求来调整公路工程预算定额。（　）

7. 竣工决算报告由施工单位编制，大中型建设项目的竣工决算由建设单位审查并报送交通运输部审批，小型建设项目竣工决算报送建设单位审批。（　）

8. 在编制公路工程施工图预算时，运输损耗费、仓储损耗费和包装材料费均构成预算价格的组成内容。（　）

9. 人工费单价不仅可以作为编制预算的依据，而且也是施工单位发给工人的工资。（　）

10. 其他工程费系指直接工程费以外施工过程中发生的直接用于工程的费用，其他工程费的计算基数是直接工程费。（　）

11. 生产工具用具使用费系指施工所需不属于固定资产的生产工具、检验用具、试验用具及仪器、仪表等的购置、摊销和维修费，以及支付给生产工人自备工具的补贴费。一般在企业管理费中开支。（　）

12. 在计算冬季施工增加费时，不论是否在冬季施工，均应计算该费用。（　）

四、综合分析题

1. 某公路工程项目施工承包签约合同价为 6 500 万元，工期 18 个月，承包合同规定：

（1）发包人在开工前 7 天应向承包人支付签约合同价 10% 的开工预付款。

（2）开工预付款自工程开工后的第 8 个月起分 5 个月等额抵扣。

（3）工程进度款按月结算。工程质量保证金为承包合同价的 5%，发包人从承包人每月的工程款中按比例扣留。

（4）当分项工程实际完成工程量比清单工程量增加 10% 以上时，超出部分的相应单价调整系数为0.9。

（5）新增工程按《公路工程预算定额》（JTG/T B06-02—2007）及《公路工程基本建设项目概算预算编制办法》（JTG B06—2007）的规定计算建筑安装工程费，以此建筑安装工程费为新增工程的单价，工程其他费费率为5%（其中高原施工增加费、风沙地区施工增加费、行车干扰工程施工增加费均为0），规费费率为40%，企业管理费费率为10%，利润率为7%，税金率为3.41%。

在施工过程中，发生以下事件：

①工程开工后，发包人要求变更设计。增加一项现浇混凝土挡土墙工程，按《公路工程预算定额》（JTG/T B06-02—2007）的消耗量及价格信息资料计算的每立方米现浇混凝土挡土墙的人工费为120元，材料费为310元，施工机械使用费为240元。

②在工程进度至第8个月时，承包人按计划进度完成了500万元建安工作量，同时还完成了发包人要求增加的一项浆砌片石挡土墙工程。经监理人计量后的该工作工程量为$460m^2$，经发包人批准的单价为352元/m^2。

③施工至第14个月时，承包人向发包人提交了按原单价计算的该项目已完成工程量结算报600万元。经监理人计量。其中某分项工程因设计变更实际完成工程数量为$680m^3$（原清单工程数量为$500m^3$，单价1200元/m^3）。

问题：

（1）计算该项目工程开工预付款。

（2）列式计算现浇混凝土挡土墙的单价。

（3）列式计算第8个月的应付工程款。

（4）列式计算第14个月的应付工程款。

［计算结果均保留两位小数，问题（3）和问题（4）的计算结果以万元为单位。］

2. 某工地有一台水泥混凝土拌和站，其动力依靠工地配备的柴油发电机组供应，假定当地柴油价格为8.8元/kg，人工工资单价为60元/工日，发电机组的总功率为300kW，拌和站和发电机组的基本情况如下表所示。

项　目	机　械　名　称	
	水泥混凝土拌和站	发电机组
折旧费（元/台班）	800	200
大修理费（元/台班）	150	90
经常修理费（元/台班）	250	200
安装拆卸及辅助设施费（元/台班）	—	10
人工（工日/台班）	8	2
电（kW·h/台班）	700	—
柴油（kg/台班）	—	300

问题：请计算水泥混凝土拌和站的机械台班预算单价。

考点3　施工招投标中的费用管理

一、单项选择题

1. 根据《中华人民共和国招标投标法》的规定，以下工程建设项目中可以不进行招标的是（　　）。

A. 大型基础设施、公用事业等关系社会公共利益、公众安全的项目

B. 企业职工集资建设的项目

C. 全部或部分使用国有资金投资或国家融资的项目

D. 使用国际金融组织或外国政府贷款、援助资金的项目

2. 按现行规定，建设工程项目允许采用邀请招标方式的情形是（　　）。

A. 因潜在投标人多而导致招标工作量太大的

B. 因潜在投标人不了解信息而导致投标人太少的

C. 公开招标程序过于烦琐的

D. 受自然地域环境限制的

3. 下列（　　）可以不招标而直接委托。

A. 施工合同总价超过200万元的项目

B. 抢险救灾的项目

C. 国家投资项目

D. 监理服务单项合同在50万元人民币以上的项目

4. 下列有关标前答疑的说法不正确的是（　　）。

A. 招标人应解答所有投标人提出的问题

B. 答疑函为招标文件的组成部分

C. 答疑函与招标文件不一致以招标文件为准

D. 答疑函应在投标截止日前15天送达每一个投标人

5. 中标通知书发出（　　）天内双方应签订合同，招标人确定中标人（　　）天内应向行政主管部门提交招标投标情况的书面报告。

A. 15、15　　　　B. 30、15

C. 30、30　　　　D. 15、30

6. 建设行政主管部门派出监督招标投标活动的人员可以（　　）。

A. 参加开标会　　　　B. 作为评标委员

C. 决定中标人　　　　D. 参加定标投票

7. 投标人在投标过程中出现（　　）时，招标人可以没收投标保证金。

A. 投标文件的密封不符合招标文件的要求

B. 投标文件中附有招标人不能接受的条件

C. 购买招标文件后不递交投标文件

D. 拒绝提供履约担保

8. 某省跨海大桥项目，在招标文件中明确规定提交投标文件截止时间为 2014 年 3 月 8 日上午 8 点 30 分，开标地点为建设单位十一楼大会议室。有甲、乙、丙、丁、戊五家单位参与投标，根据有关规定，下列说法正确的是（　　）。

A. 开标时间是 2014 年 3 月 8 日上午 8 点 30 分之后的某一时间

B. 可以改变开标地点

C. 开标由该建设单位主持

D. 由于丙单位中标，开标时只要邀请丙单位参加即可

9. 根据有关规定，下列关于评标委员会的说法正确的有（　　）。

A. 每个投标人选择一名专家组成评标委员会，以体现公正性

B. 评标委员会由 9 名成员构成，其中有 3 名教授级高工，4 位经济学专家

C. 为体现公开原则，在评标前向社会公布评标委员会成员的名单

D. 评标委员会由 6 名成员构成，其中有 3 名教授级高工，2 位经济学专家

10. 在下列表述中，正确的是（　　）。

A. 招标人可以完全按自己的意愿确定中标人

B. 对投标人报价进行评审时以标底为依据

C. 评标过程必须保密

D. 招标人与中标人可就投标价格以外的内容进行谈判

11. 开标是指（　　）。

A. 给所有投标者打分　　B. 当众宣布中标者名单

C. 把投标文件当众启封揭晓　　D. 打开投标文件

12. 自招标文件发出，至接受投标文件的截止日期，不得短于（　　）。

A. 7 天　　B. 15 天

C. 20 天　　D. 30 天

13. 业主为防止投标者随意撤标或拒签正式合同而设置的保证金为（　　）。

A. 投标保证金　　B. 履约保证金

C. 担保保证金　　D. 签约保证金

14. 采用不平衡报价法不正确的做法是（　　）。

A. 施工条件好、工作简单、工程量大的工程报价可高一些

B. 能早日结账收款的项目可适当提高报价

C. 预计今后工作量会增加的项目，单价适当提高

D. 工程内容解释不清楚的，单价适当降低

15. 在投标报价程序中，在调查研究、收集信息资料后，应当（　　）。

A. 对是否参加投标做出决定　　B. 确定投标方案

C. 办理资格审查　　D. 进行投标计价

16. 施工企业在投标报价时，下列说法中错误的是（　　）。

A. 工程单价可以同国家颁布的定额单价不一致

B. 应掌握工程现场情况

C. 发现工程量清单有误，可自行更正后报价

D. 投标报价规定税率进行报价

17. 一般情况下适用于合理低价法进行评标的项目是（　　）。

A. 技术特别复杂的特大桥　　B. 长大隧道

C. 世界银行贷款建设的跨海大桥　　D. 政府投资的公路项目

18. 经评标委员会审查评定，综合评分相等，优先中标的应是（　　）的投标人。

A. 投标报价低，但高于其成本

B. 投标报价低，信用等级高

C. 投标报价低，最先递交投标文件

D. 投标报价低，技术方案最先进

19. 评标委员会发现投标人的报价可能低于其（　　）的，应要求该投标人作出书面说明并提供相应的证明材料。

A. 个别成本　　B. 实际施工成本

C. 社会平均成本　　D. 行业成本

20. 某公路工程项目招标，在评标阶段，投标人的评标价格可以是（　　）。

A. 工程量清单中的投标报价

B. 修正算术错误后的工程量清单中的投标报价

C. 投标函的文字报价

D. 修正算术错误后的工程量清单中的投标报价－计日工报价

21. 某公路工程项目招标，在评标阶段，投标人的评标价格可以是（　　）。

A. 工程量清单中的投标报价－暂估价－暂列金额（不含计日工总额）

B. 工程量清单中的投标报价－暂估价－暂列金额

C. 投标函的文字报价－暂估价－暂列金额（不含计日工总额）

D. 投标函的文字报价－暂估价－暂列金额

22. 招标人将把合同授予投标文件通过初步评审和详细评审，并且（　　）的投标人。

A. 综合评估得分最高　　B. 评标价最高

C. 投标价最低　　D. 投标价最接近标底

二、多项选择题

1. 根据招标投标法的有关规定，下列建设项目中必须进行招标的有（　　）。

A. 利用世界教科文组织提供的资金新建教学楼工程

B. 某省会城市的居民用水水库工程

C. 国防工程

D. 某城市利用国债资金的垃圾处理场项目

E. 育民小学第二教学楼扩建工程

2. 关于必须进行招标的工程建设项目的最低规模标准，下列各项中正确的是（　　）。

A. 施工单项合同估算价在 100 万元人民币以上的

B. 重要材料单项合同估算价在 100 万美元以上的

C. 监理单项合同估算价在 50 万元人民币以上的

D. 项目总投资额在 3 000 万元人民币以上的

E. 项目总投资额在 3 000 万美元以上的

3. 招标方式中，邀请招标与公开招标比较，其优点主要有（　　）等。

A. 招标效率高

B. 招标工作量小

C. 招标时间长

D. 招标费用高

E. 评标工作量较小

4. 投标人须知是招标人向投标人传递招标基础信息的文件，投标人应特别注意其中的（　　）等内容。

A. 招标工程的范围

B. 招标人的责权利

C. 招标文件的组成

D. 施工技术说明

E. 重要时间安排

5. 根据我国有关法规规定，下列关于招标文件出售的说法中，不正确的是（　　）。

A. 自招标文件出售之日起至停止出售之日止，最短不得少于 20 日

B. 对招标文件的收费应合理，遵循微利的原则

C. 招标人在售出招标文件后，可随时终止招标

D. 招标文件售出后，不予退还

E. 自招标文件开始发售之日起至投标人递交投标文件截止时间止，不得少于 10 天

6. 在开标时，如果发现投标文件出现（　　）等情况，应按无效投标文件处理。

A. 未按招标文件的要求予以密封

B. 投标函未加盖投标人的企业公章

C. 联合体投标未附联合体协议书

D. 明显不符合技术标准要求

E. 完成期限超过招标文件规定的期限

7. 《招投标法》规定，投标文件（　　）的投标人应确定为中标人。

A. 满足招标文件中规定的各项综合评价标准的最低要求

B. 最大限度地满足招标文件中规定的各项综合评价标准

C. 满足招标文件各项要求，并且报价最低

D. 满足招标文件各项要求，并且经评审的价格最低

E. 满足招标文件各项要求，并且经评审价格最高

8. 下面几种投标文件，招标人不予受理的是（　　）。

A. 未按招标文件的要求标志、密封的投标文件

B. 递交备选投标方案的投标文件

C. 逾期送达的或者未送达指定地点的投标文件

D. 施工组织设计（含关键工程技术方案）不合理的投标文件

E. 有分包计划的投标文件

9. 公开招标的程序除建设项目报建、编制招标文件、开标、评标和定标之外还有（　　）。

A. 发投标邀请书　　B. 资格预审

C. 发售招标文件　　D. 签订合同

E. 发出中标通知书

10. 投标文件应当包括的内容有（　　）。

A. 投标函　　B. 投标邀请书

C. 投标报价　　D. 施工组织设计

E. 投标须知

11. 在公路工程招投标中，关于联合体投标，以下说法正确的是（　　）。

A. 联合体各方应按招标文件提供的格式签订联合体协议书，明确联合体牵头人和各方权利义务

B. 由同一专业的单位组成的联合体，按照资质等级较低的单位确定资质等级

C. 联合体各方也可以以自己名义单独或参加其他联合体在同一标段中投标

D. 联合体所有成员数量不得超过招标人规定的数量

E. 联合体牵头人所承担的工程量必须超过总工程量的50%

12. 在公路工程招投标中，如果投标人有分包计划，应满足的要求有（　　）。

A. 部分非主体、非关键性工作可以进行分包

B. 分包的工程范围仅限于非关键性工程或者适合专业化队伍施工的专业工程

C. 专业工程分包的工程量累计不得超过总工程量的40%

D. 分包人的资格能力应与其分包工程的标准和规模相适应，具备相应的专业承包资质或劳务分包资质

E. 按投标函附录约定分包工程的，承包人应向发包人和监理人提交分包合同副本

13. 编制一个合理、可靠的标底，必须在工程概算或施工图预算的基础上考虑（　　）等因素。

A. 目标工期　　B. 质量要求

C. 施工组织设计　　D. 材料差价因素

E. 施工单位因素

14. 工程细目的单价中应包括（　　）。

A. 人工费　　B. 材料费

C. 机械使用费　　D. 勘测设计费

E. 间接费

15. 编制标底需要考虑的因素有（　　）。

A. 标底必须适应目标工期的要求，对提前工期因素有所反映

B. 标底必须适应招标方的质量要求，对高于国家验收规范的质量因素有所反映

C. 标底必须适应建筑材料采购渠道和市场价格的变化，考虑材料差价因素

D. 标底必须正确处理间接费与直接费的相互关系

E. 标底必须合理考虑本招标工程的自然地理条件和招标工程范围等因素

16. 一个投标项目的报价应由（　　）组成。

A. 施工成本　　B. 风险费

C. 交工验收试验检测费　　D. 利润

E. 税金

17. 一般情况下适于用经评审的最低投标价法进行评标的项目是（　　）。

A. 技术特别复杂的特大桥　　B. 长大隧道

C. 世界银行贷款建设的跨海大桥　　D. 公路建设项目

E. 工程规模较小、技术含量较低的工程

18. 在公路工程项目招标评标中，初步评审主要包括（　　）的评审。

A. 形式评审　　B. 详细评审

C. 资格评审　　D. 评标价评审

E. 响应性评审

19. 投标书成为废标的条件有（　　）。

A. 投标书未密封

B. 投标书手续不完备

C. 投标者未按要求提交投标函

D. 投标者同时参投多份内容不同的标书

E. 关键施工技术方案不完善

20. 某公路工程项目招标，在评标阶段，投标人的评标价格可以是（　　）。

A. 修正后的投标函的文字报价 - 暂估价 - 暂列金额（不含计日工总额）

B. 修正算术错误后的工程量清单中的投标报价 - 暂估价 - 暂列金额

C. 投标函的文字报价

D. 修正后的投标函的文字报价 - 暂估价 - 暂列金额

E. 投标函的文字报价 - 暂估价 - 暂列金额（不含计日工总额）

21. 下列关于评标的规定，符合《招标投标法》有关规定的有（　　）。

A. 招标人应当采取必要的措施，保证评标在严格保密的情况下进行

B. 评标委员会完成评标后，应当向招标人提出书面评标报告，并决定合格的中标

候选人

C. 招标人可以授权评标委员会直接确定中标人

D. 评标委员会经评审，认为所有投标都不符合招标文件要求的，可以否决所有投标

E. 任何单位和个人不得非法干预、影响评标的过程和结果

22. 在工程项目评标中，评标指标主要包括（　　）。

A. 标价是否最低

B. 施工方案是否先进合理

C. 质量能否达到要求

D. 工期是否满足招标文件要求

E. 企业的信誉和业绩如何

三、判断题

1. 某二级公路施工招标，业主经多方面调查了解，向四家具有一级公路施工资质且资信良好的路桥施工企业发出投标邀请书邀请其投标，此做法符合招投标的有关规定。（　　）

2. 每套招标文件售价只计工本费，最高不超过 1 000 元（不含图纸部分）；图纸及参考资料每套售价最高不超过 3 000 元。（　　）

3. 以联合体名义参与投标，联合体各方应按招标文件提供的格式签订联合体协议书，明确联合体牵头人和各方权利义务；且要求联合体牵头人所承担的工程量必须超过总工程量的 50%。（　　）

4. 除招标人的原因外，投标人自行负责在踏勘现场中所发生的人员伤亡和财产损失。（　　）

5. 招标人提供的本合同工程的水文、地质、气象和料场分布、取土场、弃土场位置等参考资料，构成合同文件的组成部分，所以由招标人对投标人据此做出的错误判断和决策承担责任。（　　）

6. 施工组织设计（含关键工程技术方案）和项目管理机构不够完善，属于细微偏差。（　　）

7. 投标人的报价中有算术性错误，对投标价进行修正后，投标人最终投标报价未超过投标控制价上限，属于细微偏差。（　　）

8. 若招标中设置了招标控制价，应在招标文件予以说明。（　　）

9. 投标人通过详细的阅读招标文件和实际的现场勘察，对估计到以后会增加工程量的项目提高报价，工程量会减少的项目降低报价。（　　）

10. 一份投标文件应只有一个投标报价，在招标文件没有规定的情况下，不得提交选择性报价。（　　）

四、综合分析题

某公路工程项目施工图纸已齐备，现场已完成三通一平，满足开工条件，业主实行邀请

招标。业主要求工程于2014年5月15日开工，至2016年5月14日完工，总工期2年，共计730个日历天。业主要求该工程的质量等级为合格标准，并尽量达到优良标准，某监理单位承担了该项目实施阶段的全过程监理工作，其监理规划已得到业主的认可以及相应的授权。

问题：

（1）简述监理工程师对投标单位进行资质审查应包括哪些内容？

（2）该工程由于设计变更致使工期延长两个月，延长的工期正值雨期施工。因此竣工结算时施工单位向业主提出索赔雨季施工增加费。试问，监理工程师对索赔应如何提出评审意见？

（3）监理工程师审批费用索赔的基本原则有哪些？

考点 4　工程费用计量与支付

一、单项选择题

1. 不属于监理工程师计量范围的是（　　）。

A. 工程量清单中的全部项目　　B. 合同文件中规定的项目

C. 工程变更项目　　D. 承包人返工工程

2. 关于路基挖方工程的计量，以下说法错误的是（　　）。

A. 借土场的挖淤泥，不予计量

B. 超过图纸所示的面积或体积，不予计量

C. 土方断面挖松深 300mm 再压实，不另行计量

D. 石方断面的人工凿平或填平压实，不另行计量

3. 关于下列工程中的钢筋，不单独计量是（　　）。

A. 加筋土挡土墙的钢筋混凝土带的钢筋

B. 锚定板挡土墙的钢筋

C. 混凝土挡土墙的钢筋

D. 水泥混凝土路面的传力杆钢筋

4. 某项目招标文件的工程量清单中有一“拆除旧建筑物”计价细目，工程量为 $100m^3$。承包人在投标书中未填报该细目的单价，中标后其施工中实际发生的数量为 $120m^3$。则该部分的支付费用为（　　）。

A. 仅按预算价支付超过清单数量（$20m^3$）的费用

B. 支付费用为零

C. 由监理与承包人协商解决

D. 按预算价支付

5. 关于工程量清单的说法错误的是（　　）。

A. 工程量清单中的工程量是结算工程量的依据

B. 工程量清单中的工程量是投标报价的依据

C. 工程量清单中工程量的变动，不影响合同的效力

D. 工程量清单说明是工程量清单的重要组成部分

6. 投标人应填报工程量清单计价格式中列明的所有需要填报的单价和合价，如未填报则（　　）。

A. 招标人应要求投标人及时补充

B. 招标人可认为此项费用已包含在工程量的清单的其他单价和合价中

C. 投标人应该在开标之前补充

D. 投标人可以在中标后提出索赔

7. 某灌注桩清孔后沉积层仍超过规定厚度。二次清孔后，孔深增加，浇筑后的实际桩长比设计桩长增加 1.3m，承包人要求对增加的数量给予计量，正确的做法应是（　　）。

A. 对灌注桩的承载力有好处，应按合同价格予以计量

B. 可以考虑对所增加数量的一半按合同价格予以计量

C. 不予计量

D. 仅对所增加的混凝土数量予以计量

8. 监理工程师的计量权力本质上是对计量结果的（　　）。

A. 确认权　　B. 变更权

C. 委托权　　D. 监督权

9. 监理工程师在收到承包人进度付款申请后的（　　）天内开出支付证书，业主应在监理工程师收到进度付款申请后的（　　）内支付。

A. 21、28　　B. 21、21

C. 28、42　　D. 14、28

10. 某工程合同金额为 500 万元。调价因素为 A、B、C 三项，其在合同价中的比重分别为 20%、10%、25%。在合同基期的价格指数分别为 105、102、110 时，结算期的价格指数分别为 107、106、115，根据合同中确定的调价公式调整后的合同价款应为（　　）万元。

A. 509.55　　B. 509.38

C. 509.26　　D. 509.45

11. 某工程招标文件中，混凝土估计工程量为 10 000m^3，合同中规定混凝土单价为 400 元/m^3，若实际完成工程量与估计工程量的变动大于 10% 时，则进行调价，调价系数为 0.9，竣工时实际完成的混凝土工程量为 15 000m^3，则混凝土工程款为（　　）万元。

A. 600　　B. 584

C. 580　　D. 540

12. 某工程专用合同条款的约定，质量保证金的扣留比例为进度付款的 5%，某个支付周期，承包人完成的永久性工程款为 2 000 万元，工程变更款为 200 万元，费用索赔款为 100 万元，价格调整金额为 200 万元，业主应扣回的开工预付款为 200 万元，业主应支付的材料预付款为 400 万元，则本支付周期应支付的款额是（　　）万元。

A. 2 585　　B. 2 575

C. 2 600　　D. 2 565

13. 建设项目或单项工程全部建筑安装工程建设期在 12 个月以内，或者工程承包合同价值在（　　）万元以下的，可以实行工程价款每月月中预支，竣工后一次结算。

A. 50　　B. 100

C. 150　　D. 200

二、多项选择题

1. 关于路面工程的计量，以下说法正确是（　　）。
   A. 水泥混凝土路面所需的外掺剂，不另行计量
   B. 水泥混凝土路面的补强钢筋，不另行计量
   C. 埋设路缘石所用的混凝土垫层，不另行计量
   D. 沥青路面的黏层，不另行计量
   E. 水泥混凝土路面的传力杆钢筋，不另行计量
2. 关于下列工程中的钢筋，不单独计量是（　　）。
   A. 加筋土挡土墙的钢筋混凝土带的钢筋
   B. 锚定板挡土墙的钢筋
   C. 混凝土挡土墙的钢筋
   D. 水泥混凝土路面的传力杆钢筋
   E. 急流槽的钢筋
3. 在桥涵工程中，（　　）的钢筋，不单独计量。
   A. 盖板涵　　B. 桥头搭板
   C. 桥面铺装　　D. 支座垫块
   E. 防撞墙
4. 下列关于工程量清单计价方法特点的说法正确的有（　　）。
   A. 能满足公平竞争的需要
   B. 有利于工程款的拨付
   C. 有利于工程造价的最终确定
   D. 有利于业主对投资的控制
   E. 有利于减少业主的风险
5. 工程量清单作为招标文件的组成部分，它是（　　）。
   A. 进行工程索赔的依据　　B. 编制标底的基础
   C. 由工程咨询公司提供的　　D. 支付工程进度款的依据
   E. 办理竣工决算的依据
6. 关于工程量清单，以下说法正确的是（　　）。
   A. 工程量清单中所列工程数量，不作为最终结算与支付的依据
   B. 图纸与工程量清单所列数量不一致时，以工程量清单所列数量作为报价的依据
   C. 没有报价的子目，其费用视为已分摊在其他相关子目的价格之中
   D. 暂估价总额列入工程量清单汇总表进入评标价
   E. 计日工总额列入工程量清单汇总表进入评标价

7. 下列关于工程量清单描述正确的是（　　）。

A. 在工程招标时，工程量清单是招标文件的组成部分

B. 工程量清单应由具有编制投标文件能力的投标人编制

C. 在签订施工合同时，工程量清单是施工合同组成必要内容之一

D. 标有单价的工程量清单是办理中期支付和结算以及处理工程变更计价的依据

E. 暂估价是用于支付必然发生但暂时不能确定价格的项目的金额

8. 工程计量的组织类型有（　　）几种。

A. 监理工程师独立计量

B. 业主进行计量

C. 承包人进行计量

D. 监理工程师和承包人共同计量

E. 监理工程师和业主共同计量

9. 工程计量的依据有（　　）。

A. 质量合格证书　　B. 清单说明

C. 技术规范　　D. 设计图纸

E. 设计工程量

10. 有关工程计量的时间要求，以下说法正确的有（　　）。

A. 及时对已完成且质量合格的工程细目进行计量

B. 对一切进行中的工程，均需每月粗略计量一次

C. 对于分部分项工程，只有其全部完成后才予以计量

D. 对一切进行中的工程，均需每月精确计量一次

E. 对于隐蔽工程，则需在工程覆盖之前进行计量

11. 监理工程师签发工程付款证书的条件有（　　）。

A. 工程质量合格

B. 变更项目经监理工程师口头同意

C. 承包人的工作使监理工程师满意

D. 符合合同条件

E. 支付金额小于临时（期中）支付证书规定的最小限额

12. 中期支付申请的审定主要是审定（　　）。

A. 承包人的资质　　B. 申请的格式和内容

C. 各项资料和证明文件　　D. 承包人的财务制度

E. 所有款项的计算与汇总

13. 下列属于材料预付款支付条件的选项有（　　）。

A. 材料设备将被用于永久性工程

B. 材料、设备符合规范要求并经监理人认可

C. 承包人已出具材料、设备费用凭证或支付单据

D. 材料、设备已在现场交货，且存储良好，监理人认为材料、设备的存储方法符合要求

E. 材料设备已被用于永久性工程

14. 工程费用支付的条件为（　　）。

A. 工程变更项目必须有总监理工程师的变更指示

B. 工程变更价款的确定必须有造价工程师的签字

C. 支付金额必须大于临时支付证书规定的最小限额

D. 工程质量合格

E. 符合合同条件

15. 缺陷责任期内，由于施工单位的原因，出现了质量问题，原施工单位又不能及时地检查修理，影响了使用，造成了一定的损失，业主对此（　　）。

A. 可以另行委托其他施工单位进行维修，其费用由原施工单位负责

B. 不能另行委托其他施工单位，但可就造成的损失提出索赔

C. 不仅可以另行委托其他施工单位，还可就造成的损失提出索赔

D. 原施工单位质量问题处理后，如预留的保修费用有所剩余，至保修期满应将所剩的保修费用结付给原施工单位

E. 因原施工单位在保修期内严重违约，保修关系应予解除，剩余的保修费不结付给原施工单位

三、判断题

1. 水泥混凝土路面所用的拉杆、传力杆和所需的补强钢筋，不单独计量与支付。（　　）

2. 土方体积可采用平均断面积法计算，但与似棱体公式计算结果比较，如果误差超过 ±5% 时，监理人可指示采用似棱体公式。但在路基填方计量中不扣除通道、涵洞及小桥的空间体积。（　　）

3. 清单工程量是施工生产前的预算数量，不是施工单位应予以完成的实际和准确工程量，其准确性高低，对工程造价影响不大。（　　）

4. 工程计量不解除合同中规定的承包人应尽的义务和责任。（　　）

5. 监理工程师可通过任何一期《中期支付证书》，对已支付工程发现的问题或已颁发的支付证书的错误进行纠正。（　　）

6. 总价子目的支付就是总价支付的工程项目完成后，并经监理人验收，将工程费用一次性支付给承包人，不需要分阶段计量与支付。（　　）

7. 暂列金额是用于在签订协议书时尚未确定或不可预见变更的施工及其所需材料、工程设备、服务等的金额。在工程施工中，不一定会发生。（　　）

8. 暂估价指发包人在工程量清单中给定的，用于支付不一定会发生的材料、设备以及专业工程的金额。（　　）

四、综合分析题

1. 某高速公路工程项目合同段，承包人某年某月完成的工程如下，经监理人验收质量满足合同要求。

（1）挖方路段：场地清理 3 500m^2，挖土方 4 000m^3，挖至设计高程后挖松压实 1 200m^3。

（2）填方路段：借土场的场地清理 5 700m^2，借土填方 5 200m^3。

（3）路基排水工程：路基边沟 160m，其中挖土方 480m^3，浆砌片石 290m^3，砂砾垫层 150m^2，抹面 200m^2；路基截水沟 90m，其中挖土方 420m^3，浆砌片石 260m^3，砂砾垫层 190m^2，抹面 190m^2。

（4）钢筋混凝土盖板通道 1 座，49m，其中混凝土 340m^3，钢筋 2 580kg，通道范围以内的开挖土方 240m^3，排水沟 40m，排水沟浆砌片石 28m^3，砂砾垫层 150m^2，抹面 200m^2。

问题：

（1）以上工程项目，逐条说明能够计量的工程项目和数量，为什么？

（2）工程计量，承包人应提交哪些资料？

2. 某公路路基工程，主要的分项工程包括开挖土方、填方、碾压等。由于部分工程量无法准确确定，签订的施工合同采用单价合同，监理工程师与承包人共同计量的方式。根据合同规定，承包人必须严格按照施工图及承包合同规定的内容及技术要求施工。开工前项目经理要求各有关人员熟悉工程计量、支付、变更、索赔及价款调整的要求和规定。

问题：

（1）请写出现场计量的程序，并确定工程计量采用的方法。

（2）高级驻地工程师对计量结果的审查主要包括哪些内容？

（3）业主与承包人在工程费用支付方面制定下列原则：

①支付主要以承包人计量为基础。

②支付必须以技术规范和报价单为依据。

③支付必须及时。

④支付必须具有灵活性。

你认为这些原则是否齐全或有不妥之处，如有，请补充或予以改正。

3. 某高速公路工程项目业主与承包人签订了公路工程施工合同，合同含有两个子项工程，估算工程量甲项为 2 300m^3，乙项为 3 200m^3，每月实际完成量见下表。其中甲项每 m^3 中含人工费为 30 元、机械费为 20 元、材料费为 100 元，综合费率为 20%。乙项单价为 160 元/m^3。合同中有如下规定：

（1）开工前业主应向承包商支付合同价 20% 的预付款。

（2）业主自第一个月起，从承包商的工程款中，按 5% 的比例扣留质量保证金。

（3）当子项实际累计工程量超过估算工程量的 10% 时，可以对超出部分进行调价，调价系数为0.9。

（4）根据市场情况规定每月价格调整系数平均按1.2计算。

（5）每月签发的月度付款最低金额为25万元。

（6）预付款在最后两个月平均扣除。

问题：

（1）甲项工程单价为多少？预付工程款是多少？

（2）从第一个月至四个月每月的工程量价款是多少？每月应签发的工程款是多少？实际签发的付款凭证金额是多少？（除甲项单价外，其他计算结果以万元为单位，计算结果保留三位小数。）

每月实际完成量

项　目	1	2	3	4
甲项（m^3）	500	800	800	600
乙项（m^3）	700	900	800	600

考点 5　工程财务管理

一、单项选择题

1. 《企业财务通则》是除（　　）外具备法人资格的国有或国有控股企业适用的通则。

A. 金融企业　　B. 建筑企业

C. 施工企业　　D. 设计单位

2. 我国会计核算的基本规范是（　　）。

A. 企业财务通则　　B. 企业会计准则

C. 企业会计制度　　D. 会计法

3. 在下列关于施工企业利润总额的公式中，正确的是（　　）。

A. 利润总额 = 主营业务利润 + 其他业务利润 - 管理费用 - 财务费用

B. 利润总额 = 主营业务利润 + 其他业务利润

C. 利润总额 = 主营业务利润 + 其他业务利润 + 投资净收益

D. 利润总额 = 营业利润 + 投资净收益 + 补贴收入 + 营业外收入 - 营业外支出

4. 损益表根据（　　）这一会计等式，将企业根据权责发生制原则确认的某一会计期间的各项收入和费用的发生额进行整理后编制，反映企业在该会计期间的利润形成过程，是一种动态报表。

A. 利润 = 利润总额 - 所得税

B. 资产 = 负债 + 所有者权益

C. 收入 - 费用 = 利润

D. 工程结算利润 = 工程结算收入 - 工程费用支出

5. 项目资本金是指投资项目总投资中必须包含一定比例的、由出资方实缴的资金，这部分资金对项目法人而言属于（　　）。

A. 负债金　　B. 非负债金

C. 周转金　　D. 流动资金

6. 资本金按投资主体可分为四类，下列（　　）不属于这四类。

A. 国家资本金　　B. 法人资本金

C. 社会资本金　　D. 外商资本金

7. 某高速公路公司向银行贷款 3 000 万元，筹资费费率为 1%，贷款年利息率为 6.03%，所得税税率为 33%，其资金成本为（　　）。

A. 6.09%　　B. 5.97%

C. 4.08%　　D. 4.00%

8. 某特大桥工程筹资总额为20亿元人民币，其中15%为发行股票，筹资成本率为6%；25%为发行债券，筹资成本率为4%；其余为向银行贷款，筹资成本率为5%，则该建设项目筹资的平均成本为（　　）。

A. 6.09%　　B. 5.23%

C. 4.90%　　D. 3.43%

9. 发行股票筹资的资金成本（　　）发行债券筹资的资金成本。

A. 等于　　B. 大于

C. 小于　　D. 不可比

10. 下列属于发行股票筹资的缺点的是（　　）。

A. 不改变企业的资产负债率　　B. 支出固定

C. 削弱原有股东的控制权　　D. 是永久性投资

11. 企业发生的年度亏损，在连续（　　）年内可用税前利润弥补。

A. 2　　B. 3

C. 5　　D. 10

12. 企业计算应纳税所得额时，下列项目中，允许从收入中扣除的是（　　）。

A. 向投资者支付的股息

B. 向银行支付的短期借款利息

C. 非公益性赞助支出

D. 税收滞纳金

13. 根据新的财务制度，土地使用权属于（　　）。

A. 固定资产　　B. 无形资产

C. 递延资产　　D. 流动资产

14. 某固定资产的原值为10 000元，预计残值为400元，使用年限为5年，采用平均年限法计算各年折旧额为（　　）元。

A. 1 900　　B. 1 920

C. 1 930　　D. 1 950

15. 建立施工项目成本管理责任制、开展成本控制和核算的基础是（　　）。

A. 施工成本预测　　B. 施工成本计划

C. 施工成本分析　　D. 施工成本考核

16. 偏差分析方法不包括（　　）。

A. 横道图法　　B. 区域值法

C. 表格法　　D. 曲线法

17. 施工项目成本计划是在项目经理负责下，在（　　）基础上进行的。

A. 成本预测　　B. 成本核算

C. 成本分析　　D. 成本统计

18. 施工项目成本核算的对象是（　　）。

A. 施工项目
B. 作业班组
C. 单位工程
D. 每月完成工程量

19. 按生产费用与工程量关系来划分，工程成本可以划分成（　　）。
A. 直接成本和间接成本
B. 计划成本和实际成本
C. 固定成本和变动成本
D. 预算成本和计划成本

20. 下列就质量成本的描述，正确的是（　　）。
A. 工程质量高，鉴定成本和预防成本就越大
B. 工程质量高，故障成本就越大
C. 工程质量高，鉴定成本和预防成本就越低
D. 以上说法都不正确

二、多项选择题

1. 《企业财务通则》是具备法人资格的国有或国有控股的（　　）企业适用的通则。
A. 金融企业
B. 建筑企业
C. 施工企业
D. 设计企业
E. 房地产企业

2. 所有者权益包括（　　）。
A. 实收资本金
B. 资本公积金
C. 递延资产
D. 盈余公积金
E. 未分配利润

3. 损益表是反映企业在一定期间内经营成果及其分配情况的报表，在损益表中主要反映的是（　　）的关系。
A. 资产
B. 收入
C. 费用
D. 利润
E. 负债

4. 企业的现金流量一般包括（　　）。
A. 经营活动产生的现金流量
B. 投资活动产生的现金流量
C. 筹资活动产生的现金流量
D. 工程结算产生的现金流量
E. 设备折旧产生的现金流量

5. 负债筹资方式有（　　）。
A. 银行贷款
B. 发行股票
C. 设备租赁
D. 发行债券
E. 政府投资

6. 根据出资方的不同，项目资本金分为（　　）。
A. 国家出资
B. 法人出资

C. 集体出资　　D. 个人出资
E. 外商出资

7. 下列融资方式筹集的资金，属项目资本金的包括（　　）。
A. 发行股票　　B. 发行债券
C. 银行贷款　　D. 政府投资
E. 外商出资

8. 企业通过发行债券筹资的特点包括（　　）。
A. 可以少交所得税　　B. 融资风险小
C. 企业控制权不变　　D. 企业负债比率提高
E. 资金成本率较高

9. 企业发行股票筹集资金的特点有（　　）。
A. 增发股票，降低原有股东控制权
B. 发行公司少缴所得税
C. 降低了公司的负债比率
D. 普通股股东有权参与公司的剩余利润分配
E. 需要还本付息

10. 已计入工程总概算内的税金有（　　）。
A. 施工企业的所得税　　B. 营业税
C. 城市维护建设税　　D. 耕地占用税
E. 教育费附加

11. 下列实物项目中，可投保建筑工程一切险的有（　　）。
A. 已完成尚未移交业主的工程
B. 业主采购并已运抵工地范围内的材料
C. 工地范围内施工用的推土机
D. 工地范围内施工管理用的规范、文件
E. 工程设计文件及有关批复文件

12. 发包人应办理的保险包括（　　）。
A. 建设工程保险　　B. 施工场地内的施工机械设备保险
C. 危险作业施工人员　　D. 施工场地内待安装设备
E. 第三方责任险

13. 施工企业计提折旧的固定资产包括（　　）。
A. 在用固定资产
B. 以融资租赁方式租入的固定资产
C. 以经营租赁方式租入的固定资产
D. 房屋及建筑物
E. 破产、关停企业的固定资产

14. 固定资产加速折旧的方法有（　　）。

A. 平均年限法　　B. 工作量法
C. 双倍余额递减法　　D. 年数总和法
E. 直线法

15. 下列可作为施工成本控制依据的是（　　）。

A. 承包合同　　B. 会计核算
C. 进度报告　　D. 工程变更
E. 成本计划

16. 在施工成本控制的步骤中，处于核心和最具实质性的关键步骤是（　　）。

A. 比较　　B. 分析
C. 预测　　D. 纠偏
E. 检查

17. 某混凝土工程某月计划工程量为 $110m^3$，计划成本为 320 元/m^3，月底检查时承包商实际完成工程量为 $100m^3$，实际成本为 300 元/m^3，则下列关于该工程施工成本偏差和进度偏差（用成本表示）的表述，正确的是（　　）。

A. 成本节约 2 000 元　　B. 成本超支 2 000 元
C. 成本节约 5 200 元　　D. 工期提前 3 200 元
E. 工期拖后 3 200 元

18. 施工阶段成本管理的主要措施有（　　）。

A. 组织措施　　B. 经济措施
C. 技术措施　　D. 合同措施
E. 法律措施

19. 工程项目成本分析的方法包括（　　）。

A. 回归分析法　　B. 目标利润法
C. 差额分析法　　D. 因素分析法
E. 按实计算法

三、判断题

1. 企业财务与会计是紧密联系的，可形象地比喻为财务是内容、会计是形式。（　　）

2. 资产负债表是一种静态报表。（　　）

3. 项目资本金形式，可以是现金、实物、土地使用权等。（　　）

4. 发行股票筹资的资金成本低于发行债券筹资的资金成本。（　　）

5. 举债经营可以给项目带来一定的好处，能提高企业自有资金的使用效果，但负债的多少必须与自有资金和偿债能力的要求相适应。（　　）

6. 我国营业税计税依据为计税营业额，营业税属于价内税，营业税实行统一税率。（　　）

7. 企业的专利权属于无形资产，而非专利技术则属于递延资产。（　）

8. 无形资产采用直线平均法计算摊销额，并且无残值，也没有清理费用。（　）

9. 公路工程项目施工成本的全过程控制是指从进场施工到交工通车的施工全过程控制。（　）

10. 从量本利分析的角度来看，寻求降低施工项目成本的途径应该从降低变动成本入手。（　）

考点6 施工合同管理

一、单项选择题

1. 下列（　　）适用于工程量不太大且能精确计算、工期较短、技术不太复杂、风险不大的建设项目。

A. 总价合同　　B. 单价合同

C. 成本加酬金合同　　D. 施工合同

2. 下列（　　）中，业主需承担项目实际发生的一切费用，即承担项目的全部风险。

A. 总价合同　　B. 单价合同

C. 成本加酬金合同　　D. 施工合同

3. 在工程网络计划中，工作 M 的最早开始时间为第 28 天，其持续时间为 9 天。该工作有三项紧后工作，它们的最迟开始时间分别为第 40 天、第 43 天和第 48 天，则工作 M 的总时差为（　　）天。

A. 20　　B. 11

C. 3　　D. 12

4. 在工程网络计划中，如果某项工作拖延的时间超过其自由时差，则（　　）。

A. 必定影响其紧后工作的最早开始时间

B. 必定影响工程总工期

C. 该项工作必定变为关键工作

D. 对其后续工作及工程总工期无影响

5. 如下表所示，组织无节拍流水施工，其总工期是（　　）天。

施工过程编号	施工段编号			
	1	2	3	4
A	2	3	3	2
B	2	2	3	3
C	3	3	3	2

A. 15　　B. 16

C. 17　　D. 18

6. 因监理工程师在施工阶段管理不当，给承包人造成了损失，承包人应当要求（　　）给予补偿。

A. 监理人　　B. 总监理工程师

C. 发包人　　D. 发包人和监理人

7. 承包人擅自变更设计发生的费用和由此导致发包人的直接损失，应由（ ）承担。

A. 承包人　　B. 发包人

C. 设计单位　　D. 监理工程师

8. 在紧急情况下，监理人的口头变更指示，承包人应遵照执行。承包人应在收到口头变更指示后（ ）天内，向监理人发出书面确认函。

A. 1　　B. 3

C. 5　　D. 7

9. 下列事项中，索赔不成立的是（ ）。

A. 设计单位未及时供应施工图纸　　B. 施工单位施工机械损坏

C. 业主原因要求暂停全部项目　　D. 因设计变更而导致工程内容增加

10. 下列关于建设工程索赔程序的说法正确的是（ ）。

A. 设计变更发生后，承包人应在 28 天内向发包人提交索赔通知

B. 索赔事件在持续进行，承包人应在事件终了后立即提交索赔报告

C. 索赔意向通知发出后的 14 天内，承包人应向工程师提交索赔报告及有关资料

D. 工程师在收到承包人送交的索赔报告的有关资料后 28 天内未予答复或未对承包人进一步要求，视为该项索赔已被认可

11. 某公路工程项目，发生以下原因引起的停工，6 月 30 日 ~7 月 3 日承包人设备出现故障；监理人向承包人提供后续图纸比规定的时间晚 10 天（7 月 1 日 ~7 月 10 日）；7 月 5 日 ~7 月 18 日之间工地下了特大暴雨。则承包人可获得的补偿天数是（ ）天。

A. 1　　B. 14

C. 18　　D. 16

12. 施工机械使用费窝工费的计算，如系承包商自有设备，一般按（ ）计算。

A. 台班费　　B. 设备使用费

C. 台班折旧费　　D. 台班大修费

13. 在施工过程中，由于法律、法规的变化导致承包人工程延误和费用增加，则承包人可索赔（ ）。

A. 工期、成本和利润　　B. 工期、成本，不能索赔利润

C. 成本、利润，不能索赔工期　　D. 成本，不能索赔工期和利润

二、多项选择题

1. 业主决定采用哪种合同形式，应根据（ ）等综合考虑。

A. 设计工作深度　　B. 工期长短

C. 质量要求的高低　　D. 工程复杂程度

E. 施工单位的要求

2. 已知网络计划中工作 M 有两项紧后工作，这两项紧后工作的最早开始时间分别为第

11 天和第 13 天，工作 M 的最早开始时间和最迟开始时间分别为第 5 天和第 9 天。如果工作 M 的持续时间为 6 天，则工作 M（　　）。

A. 总时差为 4 天　　B. 自由时差为零

C. 总时差为 2 天　　D. 自由时差为 2 天

E. 与紧后工作时间间隔分别为 0 天和 2 天

3. 网络计划中工作的总时差等于（　　）。

A. 本工作的最迟开始时间与其最早开始时间之差

B. 紧后工作最早开始时间与本工作最早完成时间之差

C. 本工作的最迟完成时间与其最早完成时间之差

D. 本工作与其紧后工作之间的时间间隔与该紧后工作总时差之和

E. 紧后工作最早开始时间与本工作最迟完成时间之差

4. 在网络图中关键线路（　　）。

A. 是工作总持续时间最长的线路　　B. 是总时差最小工作的连线

C. 可能有若干条　　D. 只有一条

E. 是固定不变的一条线路

5. 按有关规定，承包人根据监理人的变更指示，可以进行下列有关的工程变更（　　）。

A. 更改工程有关部分的高程、基线、位置和尺寸

B. 根据市场价格变动调整合同价款

C. 增减合同中约定的工程量

D. 改变有关工程的施工时间和顺序

E. 其他有关的合同价款的增减

6. 关于工程变更程序的说法，正确的有（　　）。

A. 发包人若需对原工程设计进行变更，应提前 7 天书面通知承包人

B. 在合同履行过程中，可能发生变更，监理人可向承包人发出变更意向书

C. 在合同履行过程中，可能发生变更，承包人可向监理人发出变更意向书

D. 承包人在施工中提出的合理化建议设计图纸更改的，须经工程师同意

E. 未经工程师同意，承包人擅自变更工程的，承包人应承担由此发生的相应费用

7. 承包人要求对原工程进行变更，正确的是（　　）。

A. 在承包人施工中不得对原工程设计进行变更

B. 承包人在施工中提出更改施工组织设计须经工程师同意，延误工期不予顺延

C. 承包人在施工中提出对原材料、设备的换用不须经工程师同意，由此发生的费用由承包人承担

D. 工程师采用承包人合理化建议所发生的费用和获得的收益，发包人和承包人另行约定分担或分享

E. 承包人擅自变更设计发生的费用和由此导致发包人的直接损失由承包人承担，延

误的工期不予顺延

8. 监理工程师收到承包人提交的索赔意向通知后，可以（　　）。

A. 拒绝承包人的索赔要求　　B. 检查承包人现场同期记录

C. 判断承包人索赔是否成立　　D. 审查承包人费用索赔计算

E. 审查索赔证据是否充分

9. 下列情况应给予承包人延期的有（　　）。

A. 连续下雨 20 天致使施工进度受阻

B. 工程施工中，监理人对施工质量按合同规定进行检查致使工程被迫暂停

C. 地下发现文物致使某关键工程进度受阻

D. 工程变更后总工期要延长

E. 业主未及时付款给承包人致使承包人资金周转困难影响工程施工进度

10. 承包人因（　　）等原因，可以向业主提出工期索赔申请。

A. 延迟支付工程款　　B. 业主指令延误

C. 异常恶劣气候　　D. 劳动生产率低

E. 工程范围变更

11. 在工程实际中，可按照（　　）计算索赔费用。

A. 工程量清单中的单价　　B. 协商费率

C. 规定和公布的标准费率　　D. 有关票据

E. 承包人的财务报表

12. 承包人可以索赔的费用包括（　　）。

A. 异常恶劣气候导致的人员窝工费

B. 法定的人工费增长

C. 遇到难以预料的人为障碍导致的人员窝工费

D. 承包人人员罢工导致的人员窝工费

E. 完成额外工作所需要的人工费

13. 公路工程施工中，发生的以下事件，承包人不仅可以索赔费用和工期，还可以索赔利润的是（　　）。

A. 业主要求提前完工　　B. 遭遇 40 年一遇的降雨

C. 业主要求更换施工设备　　D. 发包人提供的材料不合格

E. 发包人提供基准资料错误

三、判断题

1. 招标采用的合同形式按计价方法的不同，一般分为总价合同、单价合同和成本加酬金合同三种主要形式。当前国内招投标中用得最多的是单价合同。（　　）

2. 绘制劳动力需求曲线时，只要求劳动力不均衡系数 K 符合要求即可，与曲线形状

无关。 （ ）

3. 在双代号网络图中，总时差为零的线路就是关键线路。 （ ）

4. 承包人为施工方便提出的工程变更所节约的费用归承包人所有。 （ ）

5. 工程变更后的变更单价应由监理工程师和承包人协商确定。 （ ）

6. 承包人可随时更换或撤走施工现场的施工设备。 （ ）

四、综合分析题

1. 某施工单位承担了某公路工程的施工任务，并与建设单位签订了该项目工程施工合同，签约合同价为 3 200 万元人民币，合同工期 28 个月。工程未投保任何保险。某监理单位受建设单位委托承担了该项目的施工阶段监理任务，并签订了监理合同。

在工程施工过程中，遭受暴风雨不可抗力的袭击，造成了相应的损失。施工单位及时向监理工程师提出索赔通知，并附索赔有关的材料和证据。索赔通知中的基本要求如下：

（1）遭受暴风雨袭击系非施工单位原因造成的损失，故应由建设单位承担赔偿责任。

（2）给已建部分工程造成破坏，损失 26 万元，应由建设单位承担修复的经济责任。

（3）该暴风雨灾害使施工单位人员 8 人受伤。处理伤病医疗费用和补偿金总计 2. 8 万元，建设单位应给予补偿。

（4）施工单位进场的已投入使用的施工机械设备受到损坏，造成损失 6 万元；由于现场停工造成机械台班费损失 2 万元，工人窝工费 4. 8 万元，建设单位应承担施工机械设备修复和停工的经济责任。

（5）该暴风雨灾害造成现场停工 5 天，要求合同工期顺延 5 天。

（6）由于工程被破坏，清理现场需费用 2. 5 万元，应由建设单位支付。

问题：

（1）监理工程师接到施工单位提交的索赔通知后，应进行哪些工作？

（2）不可抗力发生风险承担的原则是什么？

（3）如何处理施工单位提出的要求？

2. 某 A 工程，桥梁的配筋图未能及时交付给承包人，原定 5 月 20 日交付的图纸一直拖延至 6 月底，由于图纸交付延误，导致钢筋订货发生困难（订货半个月后交付钢筋）。因此原定 6 月中旬开始施工的钢筋绑扎拖至 8 月初，再加上该地区 8 月份遇到恶劣的气候条件。因气候原因导致工程延误 1 周。最后承包人向业主提出 8 周的工期索赔。某 B 工程，由业主指定分包人分包的工程部分出现了质量问题，影响了总承包人的正常施工。因而总承包人向业主提出了工期索赔。某 C 工程施工中，由于持续降雨，雨量是过去 20 年平均值的两倍，导致承包人的施工延误了 38 天，承包人要求监理工程师予以顺延工期。监理工程师认为：延误的工期中有一半是一个有经验的承包人无法预料的，另外 19 天应为承包人承担的正常风险，故只同意延长工期 19 天。

问题：

（1）上述三例分别是由什么原因造成的工期延误？

（2）除此之外还有哪些导致工期延误的原因（至少写5个）？

（3）列出至少6项工期索赔的依据？

（4）按索赔发生的原因划分索赔应包括哪几种类型？

3. 某实施监理的工程，甲施工单位选择乙施工单位分包基坑支护土方开挖工程。施工过程中发生如下事件：

事件1：乙施工单位开挖土方时，因雨期下雨导致现场停工3天，在后续施工中，乙施工单位挖断了一处在建设单位提供的地下管线图中未标明的煤气管道，因抢修导致现场停工7天。为此，甲施工单位通过项目监理机构向建设单位提出工期延期10天和费用补偿2万元（合同约定，窝工综合补偿2 000元/天）的请求。

事件2：为了赶工期，甲施工单位调整了土方开挖方案，并按约定程序进行了调整，总监理工程师在现场发现乙施工单位未按调整后的土方开挖方案施工并造成围护结构变形超限，立即向甲施工单位签发工程暂停令，同时报告了建设单位。乙施工单位未执行指令仍继续施工，总监理工程师及时报告了有关主管部门，后因围护结构变形过大引发了基坑局部坍塌事故。

事件3：甲施工单位凭施工经验，未经安全验算就编制了高大模板工程专项施工方案，经项目经理签字后报总监理工程师审批的同时，就开始搭设高大模板，施工现场安全生产管理人员则由项目总工程师兼任。

问题：

（1）指出事件1中挖断煤气管道事故的责任方，并说明理由。项目监理机构批准的工程延期和费用补偿各多少？并说明理由。

（2）根据《建设工程安全生产管理条例》，分析事件2中甲、乙施工单位和监理单位对基坑局部坍塌的事故应承担的责任，并说明理由。

（3）指出事件3中甲施工单位的做法有哪些不妥，并写出正确的做法。

第二部分　专项练习题参考答案及解析

考点 1　工程经济管理

一、单项选择题

1. **答案**：A

解析：在敏感性分析中，有些因素可能仅发生较小幅度的变化就能引起经济评价指标发生大的变动，而另一些因素即使发生了较大幅度的变化，对经济评价指标的影响也不是太大。前一类因素称为敏感性因素，后一类因素称为非敏感性因素。

2. **答案**：D

解析：假设 B 为销售收入，C 为总成本，P 为单位产品价格，Q 为产品销售量，T 为单位产品销售税金，C_f为固定成本，C_v为单位产品变动成本，则：销售收入函数为 $B = P \times Q$，总成本函数为 $C = C_f + C_v \times Q + T \times Q$，在盈亏平衡点，销售收入 B 等于总成本费用 C，则有盈亏平衡点产量：$Q = \frac{C_f}{P - C_v - T}$。

3. **答案**：D

解析：概率分析是根据各种可变参数的概率分布来推求一个项目在风险条件下获利的可能性大小，或者是项目所承担的风险大小。投资项目经济评价中所遇到的大多数变量因素（如投资额、经营成本、产品价格、项目寿命期等）均属于随机变量的范畴，因而根据它们计算出来的经济评价指标也都是随机变量。

4. **答案**：C

解析：盈亏平衡分析的假设条件有：①产量等于销量；②成本是产量的函数；③单位变动成本随产量按比例变化；④在盈亏平衡分析的产量范围内，固定总成本维持不变；⑤销售价格不随销售量的变化而变化，因此，销售收入是销售价格和销售数量的线形函数；⑥计算所采用的数据均为项目达到设计能力生产期的数据。

5. **答案**：B

解析：尽管在产品形成的各个阶段均可应用价值工程提高产品的价值，但在不同的阶段进行价值工程活动，其经济效果却大不相同。对于大型复杂的产品，应用价值工程的重点是在产品的研究设计阶段，一旦图纸已设计完成并投产，产品的价值就基本确定了，这时再进行价值工程分析就变得更加复杂，不仅原来的许多工作成果要付之东流，而且改变生产工艺、设备工具等可能会造成很大的浪费，使价值工程活动的技术经济效果大大下降。因此必须在产品的设计和研制阶段就开始价值工程活动，以取得最佳的综合效果。

6. **答案**：C

解析：价值工程是以提高产品或作业价值为目的，通过有组织的创造性活动，寻求费用最低的寿命周期成本，可靠地实现使用者所需功能的一种管理技术。

7. **答案**：A

解析：价值工程中，价值是指对象所具有的功能与获得该功能的全部费用之比，即用公式：价值（V）$=\dfrac{功能（F）}{成本（C）}$来表示，公式中的价值、功能和成本是价值工程涉及的三个基本要素，成本指的是全寿命周期成本。

8. **答案**：C

解析：利率是各国发展国民经济的重要杠杆之一，利率的高低由如下因素决定：

（1）利率的高低首先取决于社会平均利润率的高低，并随之变动。

（2）在平均利润率不变的情况下，利率高低取决于金融市场上借贷资本的供求情况。

（3）借出资本要承担一定的风险，风险越大，利率也就越高。

（4）通货膨胀对利息的波动有直接影响。

（5）借出资本的期限长短。贷款期限长，不可预见因素多，风险大，利率也就高；反之利率就低。

9. **答案**：B

解析：工程经济分析中，所有现金流量是按照期末假定来分析和计算的，期末假定是假设所有现金流量均发生在每个周期的期末。

10. **答案**：B

解析：设名义利率为r，在一年中计息m次，则实际利率i与名义利率r的关系用公式$i=\left(1+\dfrac{r}{m}\right)^{m}-1$表示，公式中$m$大于1时，则实际利率$i$大于名义利率$r$。

11. **答案**：D

解析：10年偿还，每年应偿还的金额为$A=100\times$（A/P，10%，10）$=100\times$0.16275=16.275（万元），偿还5次后，余下相当于6~10年每年欠银行16.275万元，在第10年末偿还，应偿还的金额为$F=A\times$（F/A，10%，5）$=16.275\times6.105=99.359$（万元）。

12. **答案**：C

解析：对于具有常规现金流量的项目，内部收益率与净现值的函数关系是单调减函数的关系，对于非常规现金流量的项目，内部收益率可能不存在，或存在多个内部收益率，对于非常规现金流量的项目不能用线性插值法计算。

13. **答案**：A

解析：按是否考虑资金时间价值，经济效果评价方法分为静态评价方法和动态评价方法。静态评价方法是不考虑资金时间价值，其最大特点是计算简便，适用于方案的初步评价，或对短期投资项目进行评价，以及对于逐年收益大致相等的项目评价。动态评价方法考虑资金时间价值，能较全面地反映投资方案整个计算期的经济效果。因此，在进行方案比选时，一般以动态评价方法为主。

14. **答案**：B

解析：两个方案相比较，其差额内部收益率大于基准收益率，则应选择投资大的方案，否则应选择投资小的方案。B 与 C 比较，其差额内部收益率 14.5% 大于基准收益 10%，故应选投资大方案 B，B 与 A 比较，差额内部收益率为 9.5%，小于基准收益率 10%，故选投资小方案 B。

15. **答案**：C

解析：独立关系是指方案间互不干扰、在经济上互不相关的方案，在一组备选的投资方案中，选择或放弃其中某一方案，并不影响其他方案的选择。独立关系方案在经济上是否可接受，只取决于方案自身的经济效果，即方案的经济效果是否达到或超过预定的评价标准或水平。通过计算方案的经济指标，并按判别准则加以检验即可。以上三个方案的净现值分别为 0.447 万元、1.989 万元、1.832 万元，说明三个方案均可行。

独立关系方案在投资额限定的情况下，选择没有超过投资限额，可以获得最大效益的方案组合。本题目中没有超过投资限额的方案组合为甲和乙、甲和丙、乙和丙三种，三种组合的净现值分别为 2.436 万元、2.279 万元、3.821 万元，所以应选择乙和丙的方案组合。

16. **答案**：B

解析：因为分析期相同，故采用净现值法或差额内部收益率法都可进行比选。用净现值法，净现值最大的方案为最优方案。用差额内部收益率法必须两两方案进行对比，差额内部收益率大于基准收益率，则选择投资大方案，差额内部收益率小于基准收益率，则选择投资小的方案。经计算可得，B 桥位为最佳桥位。

17. **答案**：B

解析：通过功能的分析，弄清哪些是必要功能，从而在创新方案中去掉不必要的功能，补充不足功能，可靠实现用户所需的必要功能。即按照功能定义—功能整理—功能成本分析—功能评价—确定改进范围的顺序进行功能分析。

18. **答案**：C

解析：根据价值系数 = 功能系数 F_i/成本系数 C_i，可分别计算方案①、方案②、方案③三个方案的价值系数为 1.2、1.08、1.40。价值系数大的方案为最优方案。

19. **答案**：C

解析：价值工程是以提高产品或作业价值为目的，通过有组织的创造性活动，寻求用最低的寿命周期成本，可靠地实现使用者所需功能的一种管理技术。

20. **答案**：B

解析：静态投资回收期为 7 年，说明其收益率大于 0，动态投资回收期为 12 年，说明项目在计算期 10 年内，没有收回全部投资，其收益率水平小于基准收益率 10%。

二、多项选择题

1. **答案**：BD

解析：不确定性分析方法包括临界分析（盈亏平衡分析）、敏感性分析和风险分析

（概率分析）三种，盈亏平衡分析只适用于财务评价，而另两种方法则财务评价和国民经济评价都适用。

2. **答案：**ABD

解析：不确定性分析就是研究各种经济参数发生变化时，经济评价结果的变化情况和变化范围，估计经济评价结果所面临的风险（可靠性），为投资决策提供风险分析的资料和结果，以避免投资决策的失误，提高投资决策的科学性。

3. **答案：**ABCD

解析：不确定性分析就是研究各种经济参数发生变化时，经济评价结果的变化情况和变化范围，估计经济评价结果所面临的风险（可靠性），为投资决策提供风险分析的资料和结果，以避免投资决策的失误，提高投资决策的科学性。不确定性分析包括不确定性分析与风险分析，习惯上，当这些不确定性的结果可以用发生的概率来加以表述和分析时，称为概率分析（风险分析）；反之，不能用概率表述的，称为不确定性分析。不确定性分析方法包括临界分析（盈亏平衡分析）、敏感性分析和风险分析（概率分析）三种。

4. **答案：**ACDE

解析：各种不确定因素的变化会影响投资方案的经济效果，当这些因素的变化达到某一临界值时，就会影响方案的取舍。所以，A 选项正确，B 选项错误。不确定性分析包括不确定性分析与风险分析。不确定性分析方法包括临界分析（盈亏平衡分析）、敏感性分析和风险分析（概率分析）三种。所以。C、D 选项正确。盈亏平衡点越低，说明项目盈利的可能性越大，亏损的可能性越小，因而项目有较大的抗经营风险能力。所以，E 选项正确。

5. **答案：**ABDE

解析：价值工程是通过各相关领域的协作，对所研究对象的功能与费用进行系统分析，不断创新，旨在提高所研究对象价值的思想方法和管理技术。其目的是以研究对象的最低寿命周期成本可靠地实现使用者所需功能，以获取最佳的综合效益。

价值工程中的功能，一般是指必要功能。通过功能的分析，弄清哪些是必要功能，从而在创新方案中去掉不必要的功能，补充不足功能，可靠实现用户所需的必要功能。

寿命周期成本是指产品在其寿命期内所发生的全部费用，包括生产成本和使用成本两部分。

价值用公式：价值（V）$=\dfrac{\text{功能（}F\text{）}}{\text{成本（}C\text{）}}$来表示，所以价值工程中的价值是指单位成本所获得的功能水平。

对于大型复杂的产品，应用价值工程的重点是在产品的研究设计阶段，因此必须在产品的设计和研制阶段就开始价值工程活动，以取得最佳的综合效果。

6. **答案：**ABD

解析：价值工程是以提高产品或作业价值为目的，通过有组织的创造性活动，寻求用最低的寿命周期成本，可靠地实现使用者所需功能的一种管理技术。价值工程的定义包括四个方面：着眼于寿命周期成本；价值工程的核心是功能分析；价值工程是一项有组织的管理活动；价值工程的目标表现为产品价值的提高。

7. **答案**：ABE

解析：现金流量图是一种反映经济系统资金运动状态的图式，即把经济系统的现金流量绘入一时间坐标图中，表示出各现金流入、流出与相应时间的对应关系。现金流量的大小（现金数额）、方向（现金流入或流出）和作用点（现金发生的时间点）是现金流量的三个要素。

8. **答案**：BCDE

解析：资金的时间价值也称为货币的时间价值，是指资金在生产与流通过程中（社会再生产过程中）与劳动相结合，随着时间的推移所产生的增值。资金的时间价值规律（资金的增值能力）是资金运动的普遍规律。资金时间价值可理解为不同时间发生的等额资金在价值上是有差别的。利润和利息是资金时间价值的具体表现，是资金增值的一部分。利润由生产和经营部门产生，利息是以信贷为媒介的资金使用报酬，都是资金在时间延续过程中的增值。

9. **答案**：ABC

解析：现金流量图是一种反映经济系统资金运动状态的图式，能充分反映现金流量的三个要素，即大小（现金数额）、方向（现金流入或流出）和作用点（现金发生的时间点）。在绘制现金流量图时，采用的是期末假定，即假设所有现金流量均发生在每个周期的期末。

10. **答案**：BCD

解析：按是否考虑资金时间价值，经济效果评价方法分为静态评价方法和动态评价方法。常用的静态评价指标有总投资收益率、项目资本金净利润率、借款偿还期、利息备付率、偿债备付率、资产负债率和静态投资回收期等；常用的动态评价指标有净现值、内部收益率、动态投资回收期、效益费用比等。

11. **答案**：AD

解析：静态评价方法是不考虑资金时间价值，其最大特点是计算简便，适用于方案的初步评价，或对短期投资项目进行评价，以及对于逐年收益大致相等的项目评价。对于互斥型投资方案采用静态评价方法，不能充分反映投资回收以后方案的收益及方案使用年限终了时的残值。

12. **答案**：BCE

解析：基准收益率也称基准折现率，是企业、行业或投资者以动态的观点所确定的、可接受的投资方案最低标准的收益水平。它是评价和判断投资方案在经济上是否可行的依据，是一个重要的经济参数。根据从不同角度编制的现金流量表，计算所需的基准收益率应有所不同。基准收益率的确定一般应综合考虑以下因素：①资金成本和机会成本；②投资风险；③通货膨胀。

13. **答案**：BDE

解析：盈利能力分析和投资回收能力是用不同指标进行评价，是两个不同评价指标体系。静态评价方法是不考虑资金时间价值，适用于方案的初步评价，或对短期投资项目进行评价，以及对于逐年收益大致相等的项目评价。动态评价方法考虑资金时间价值，能较全面地反映投资方案整个计算期的经济效果，适用于所有方案的评价。因此，在进行方案比选时，一般以动态评价方法为主。

14. **答案**：DE

解析：寿命期相同的互斥方案比较和选择的方法有净现值法、净年值法、净现值率法、差额内部收益率法、最小费用法等，寿命期不相同的互斥方案比较和选择的方法有年值法、最小公倍数法、研究期法等。

15. **答案**：AC

解析：当两方案比选时，如寿命期不相等，最好方法是用年值法，用其他方法必须要化为相同的寿命期。如用最小公倍数法，最小公倍数不应超过 40 年，超过 40 年，计算太复杂，一般不用。但可用研究期法，选研究期为 8 年，再分别计算现金流量平均年值前 8 年的现值进行比较。而用差额内部收益率法和差额效益费用比法进行方案比选，必须要求两方案具有相同的分析期。

16. **答案**：AD

解析：A 选项中当 *IRR* 大于等于标准的内部收益率时，认为项目赢利，故 A 选项不正确。D 中净现值要考虑现金流在各年的时间排序情况。E 选项中对于具有常规现金流量的方案，净现值法和内部收益率法的评价结果相同，对于非常规现金流量的方案，净现值法和内部收益率法的评价结果不一定相同。其余 B、C 为正确观点。

17. **答案**：ABDE

解析：价值工程的工作程序一般分为准备、分析、创新、实施与评价四个阶段，见下表。其工作步骤的实质是就是针对产品的功能和成本提出问题、分析问题和解决问题的过程。

价值工程的基本程序

阶　段	步　骤	说　明
准备阶段	1. 对象选择	应明确目标、限制条件和分析范围
	2. 组成价值工程领导小组	一般由项目负责人、专业技术人员、熟悉价值工程的人员组成
	3. 制订工作计划	具体执行人、执行日期、工作目标等
分析阶段	4. 收集整理信息资料	贯穿价值工程的全过程
	5. 功能系统分析	明确功能特性要求，并绘制功能系统图
	6. 功能评价	确定功能目标成本与功能改进区域
创新阶段	7. 方案创新	提出各种不同的实现功能的方案
	8. 方案评价	从技术、经济和社会等方面评价各方案达到要求目标的可能性
	9. 提案编写	将选出的方案及有关资料编写成册
实施阶段	10. 方案审批	由主管部门组织进行
	11. 方案实施	制订实施计划，组织实施，并跟踪检查
	12. 成果鉴定	对实施后技术经济效果进行成果鉴定

18. **答案：**BCDE

解析：根据价值系数值，确定价值工程的对象，当：

$V_i=1$，表明分配在该零件上的成本比重与其功能重要程度基本相当，无需改进。

$V_i>1$，分配在该零件上的成本比重偏低，或存在不必要功能，是价值工程的研究对象。

$V_i<1$，该零件实现其功能所分配的成本偏高，或存在过剩的功能，是价值工程的研究对象。

19. **答案：**ABD

解析：价值工程的工作程序一般分为准备、分析、创新、实施与评价四个阶段。其工作步骤的实质是就是针对产品的功能和成本提出问题、分析问题和解决问题的过程。分析阶段的工作步骤是：收集整理信息资料、功能系统分析、功能评价。

20. **答案：**ABE

解析：不同时刻发生的数额不等而经济价值相等的资金称为等值资金。资金等值取决于三个因素，即金额大小、资金发生的时间和利率高低。

三、判断题

1. **答案：**×

解析：所谓不确定性和风险是指由于对项目将来面临的运营条件、技术发展和各种环境缺乏准确的知识而产生的决策没有把握性。习惯上，当这些不确定性的结果可以用发生的概率来加以表述和分析时，称为概率分析（风险分析）；反之，不能用概率表述的，称为不确定性分析。

2. **答案：**√

解析：不确定性分析就是研究各种经济参数发生变化时，经济评价结果的变化情况和变化范围，估计经济评价结果所面临的风险（可靠性），为投资决策提供风险分析的资料和结果，以避免投资决策的失误，提高投资决策的科学性。

3. **答案：**√

解析：尽管在产品形成的各个阶段均可应用价值工程提高产品的价值，但在不同的阶段进行价值工程活动，其经济效果却大不相同。对于大型复杂的产品，应用价值工程的重点是在产品的研究设计阶段，一旦图纸已设计完成并投产，产品的价值就基本确定了，这时再进行价值工程分析就变得更加复杂，不仅原来的许多工作成果要付之东流，而且改变生产工艺、设备工具等可能会造成很大的浪费，使价值工程活动的技术经济效果大大下降。因此必须在产品的设计和研制阶段就开始价值工程活动，以取得最佳的综合效果。

4. **答案：**×

解析：价值工程的目的是要从技术与经济结合的基础上去改进和创新产品，使产品既要在技术上可靠实现，又要在经济上所支付的费用最小，达到两者的最佳结合。而“最低的寿命周期成本”是价值工程中的经济指标，“可靠地实现所需功能”是价值工程中的技术指标，因此，产品的价值越高，其技术与经济的结合也就越难，从这个角度上讲，价值工程的目标体现在产品价值的提高上，而不强调物美价廉。

5. **答案**：×

解析：设名义利率为 r，在一年中计息 m 次，则实际利率 i 与名义利率 r 的关系用公式：$i=\left(1+\frac{r}{m}\right)^m-1$ 表示，公式中 $m=2$ 时，带入公式，则实际利率 $i=10.25\%$。

6. **答案**：√

解析：资金的时间价值也称为货币的时间价值，是指资金在生产与流通过程中（社会再生产过程中）与劳动相结合，随着时间的推移所产生的增值。

7. **答案**：√

解析：具有常规现金流量的投资方案，按照净现值法的评价准则，只要 $NPV(i)\geqslant 0$，方案或项目就可以接受。但由于 $NPV(i)$ 是折现率的递减函数，折现率定得越高，方案被接受的可能性就越小。显然，折现率可以大到使 $NPV=0$，这时净现值函数曲线与横轴相交，折现率达到了其临界值 IRR。可以说，IRR 是净现值法评价准则的一个分界，当 $i<IRR$ 时，$NPV(i)>0$；当 $i>IRR$ 时，$NPV(i)<0$。

8. **答案**：√

解析：内部收益率是使项目在计算期内各年净现金流量的现值累计等于零时的折现率。对于具有常规现金流量的项目，内部收益率与净现值的函数关系是单调减函数的关系；但内部收益率不适用于多方案的比较，内部收益率大，方案不一定优。

四、综合分析题

1. **答案**：

（1）假设当 T 形梁数量为 Q 片梁时 A、B 两个方案的施工成本是一致的，则：

A 方案的施工成本为：$250\,000+15\,000\times Q\times 8\div 30+25\times Q\times(720+25)+26\,000$。

B 方案的施工成本为：$250\,000+15\,000\times Q\times 50\div 30\div 6+25\times Q\times(610+20+130)$。

$Q=48$（片梁），则 T 形梁混凝土数量为：

$$48\times 25=1200\ (\mathrm{m}^3)$$

即当混凝土数量为 1 200m^3 时，A、B 两个方案的施工成本是一致的。

（2）A、B 方案的经济性比较。

当桥梁长度为 405m 时，其孔数应为：

$$405\div 40=10.125\approx 10\ (\text{孔})$$

即应为 10 孔，则 T 形梁数量为：

$$10\times 6=60\ (\text{片梁})$$

此时，A 方案的施工成本为：

$$250\,000+15\,000\times 60\times 8\div 30+25\times 60\times(720+25)+26\,000=1\,633\,500\ (\text{元})$$

此时，B 方案的施工成本为：

$250\ 000+15\ 000\times60\times50\div30\div6+25\times60\times(610+20+130)=1\ 640\ 000$（元）

由于 1 640 000 元 > 1 633 500 元，因此，A 方案比 B 方案经济（即此时应采用预制安装的施工方案）。

2. **答案：**

（1）混合料综合平均运距计算

设置 1 处拌和场：

拌和场设置在路线 1/3 处，距路线起终点分别为 12km 和 24km，平均运距分别为 6km 和 12km，其混合料综合平均运距为：

$$(36\div3\times36\div3\div2+36\div3\times2\div2)\div36+0.2=10.2\ (\text{km})$$

设置 2 处拌和场：

拌和场设置在距离路线两端 1/3 处，两个拌和场拱料范围均为 18km，每个拌和场距其拱料路段的起终点分别为 12km 和 6km，平均运距分别为 6km 和 3km，其混合料综合平均运距为：

$$(36\div3\times36\div3\div2+36\div3\div2\div2)\times2\div36+0.2=5.2\ (\text{km})$$

（2）总费用计算

沥青混凝土的数量：

$$36\ 000\times22\times0.18=142\ 560\ (\text{m}^3)$$

设置 1 处拌和场：

$$900\ 000+142\ 560\times(5\ 912+492\times18)\div1\ 000=3\ 005\ 326\ (\text{元})$$

设置 2 处拌和场：

$$1\ 800\ 000+142\ 560\times(5\ 912+523\times8)\div1\ 000=3\ 239\ 286\ (\text{元})$$

经以上计算可知，设 1 处拌和站的施工组织方案较好。

考点 2　工程概预算与竣工决算

一、单项选择题

1. **答案**：A

解析：概预算的编制依据主要包括：①设计图纸资料；②投资估算或概算；③定额或补充定额；④工、料、机的价格资料；⑤施工方案或施工组织设计资料；⑥各项费率的取费标准、依据、规定；⑦征地、拆迁补偿等资料及标准、规定等；⑧工程量的计算规则；⑨有关政策、方针及工程造价管理的有关规定等。

工程量清单是投标报价的编制依据，而不是概预算的编制依据。

2. **答案**：A

解析：竣工决算的编制依据主要包括：①经批准的设计概算或施工图预算以及批准的开工报告文件；②历年的年度基本建设投资计划；③经复核的历年年度的基本建设财务决算；④批准或确认的招标文件及合同文本；⑤工程变更设计文件及经确认的工程变更通知单；⑥竣工图表、竣工结算、中期结算以及索赔资料等；⑦历年有关物资、统计、财务会计核算、劳动工资、材料单价、环境保护等有关资料；⑧工程质量鉴定、检验等有关文件，工程监理有关资料；⑨施工企业交工报告等有关技术经济资料；⑩有关资金的筹集、借贷、工程税金、材料价差等以及上级机关对工程的指示、文件。

3. **答案**：A

解析：施工图预算是根据施工设计图纸、预算定额、各项取费标准、建设地区的自然及技术经济条件等资料编制的造价文件。概算定额是编制设计概算的依据，企业定额是施工企业投标报价的依据。

4. **答案**：D

解析：一种专业定额是一个完整独立的系统，公路工程定额从测定到使用，直至再修订都是为了全面反映公路工程所有的工程内容和项目。与公路技术标准、规范相配套，完全准确反映公路工程施工工艺流程中的每一个环节。

5. **答案**：B

解析：定额的科学性主要表现在两个方面：①公路工程定额必须和生产力发展水平相适应，反映公路工程施工中物资消耗的客观规律，作为公路基本建设计划、调节、组织、预测、控制的可靠依据；②定额管理在理论、方法和手段上是科学的，以适应现代科学技术和信息社会发展的需要。定额中的各类参数是在认真研究客观规律的基础上，自觉地遵照客观规律的要求，运用科学的方法确定的。

6. **答案**：B

解析：时间定额是指在技术条件正常、生产工具使用合理和劳动组织正确的条件下生产单位合格产品所消耗的劳动时间。产量定额是指在技术条件正常、生产工具使用合理和劳动组织正常的条件下，工人在单位时间内完成合格产品的数量。所以时间定额与产量定额的关系是互为倒数。

7. **答案**：D

解析：定额是按一般正常合理的施工组织和正常的施工条件编制的，定额中所采用的施工方法和工程质量标准，主要是根据国家现行公路工程施工技术及验收规范、质量评定标准及安全操作规程取定的。因此，使用定额时不得因具体工程的施工组织、操作方法和材料消耗与定额的规定不同而变更定额。只有在以下几种情况下，才允许对定额中某些项目进行抽换，使定额的使用更符合实际情况。

（1）就地浇筑钢筋混凝土梁用的支架及拱圈用的拱盔、支架，如确因施工安排达不到规定的周转次数时，可根据具体的情况换算并按规定计算回收。

（2）路面基层材料、混凝土、砂浆的配比与定额不相符时，需进行抽换。

（3）钢筋工程中，当设计用光圆钢筋和带肋钢筋的比例与定额比例不同时，需进行抽换。

8. **答案**：C

解析：路基土石方的开挖、装卸、运输是按天然密实体积（m^3）计算，填方则是按压（夯）实后的体积（m^3）计算。所以，C 选项正确。

9. **答案**：B

解析：定额是按照合理的施工组织和一般正常的施工条件编制的。定额中所使用的施工方法和工程质量标准，是根据国家现行的公路工程施工技术及验收规范、质量评定标准及安全操作规程取定的，除定额中允许换算者外，均不得因具体工程的施工组织、操作方法和材料消耗与定额的规定不同而变更定额。定额中的工程量计量单位更不允许改变。

10. **答案**：C

解析：路基土石方的开挖、装卸、运输是按天然密实体积（m^3）计算，填方和利用方则是按压（夯）实后的体积（m^3）计算。所以，C 选项正确。

11. **答案**：D

解析：项目竣工决算是建设单位编制的反映建设项目实际造价和投资效果的文件，是竣工验收报告的重要组成部分。所以，竣工决算的主编单位是建设单位。

12. **答案**：C

解析：竣工决算是从财务管理的角度出发，侧重于对财务制度执行情况的反映，能够确定资金流动的真实性和合法性，是办理资产交付使用手续的依据。所以公路建设项目竣工决算的核心内容是竣工财务决算。

13. **答案**：D

解析：新增固定资产价值是以独立发挥生产能力的单项工程为对象的。单项工程建成经有关部门验收鉴定合格，正式移交生产或使用，即应计算新增固定资产价值。一次交付生产或使用的工程一次计算新增固定资产价值，分期分批交付生产或使用的工程，应分期分批计算新增固定资产价值。

14. **答案**：C

解析：材料预算价格的计算公式为：材料预算价格 =（材料原价 + 运杂费）×（1 + 场外运输损耗率）×（1 + 采购及保管费率）－包装品回收价值。

15. **答案**：C

解析：劳动保险费系指企业支付离退休职工的易地安家补助费、职工退职金、六个月以上的病假人员工资、职工死亡丧葬补助费、抚恤费、按规定支付离退休干部的各项经费。

16. **答案**：A

解析：设备购置费系指为满足公路的营运、管理、养护需要，购置的达到固定资产标准的设备和虽低于固定资产标准但属于设计明确列入设备清单的设备的费用。需要安装的设备，应在第一部分建筑安装工程费的有关项目内另计设备的安装工程费。

17. **答案**：B

解析：建设期贷款利息系指建设项目中分年度使用国内贷款或国外贷款部分，在建设期内应归还的贷款利息。计算方法是根据不同的资金来源按需付息的分年度投资计算。即按照当年贷款折半计息的原则计算。

第 1 年贷款利息为：$500 \times 10\% \div 2 = 25$（万元）。

第 2 年贷款利息为：$(500 + 25) \times 10\% + 700 \times 10\% \div 2 = 87.5$（万元）。

18. **答案**：A

解析：施工辅助费属于建安工程其他工程费，施工辅助费包括生产工具用具使用费、检验试验费和工程定位复测、工程点交、场地清理等费用。检验试验费系指施工企业对建筑材料、构件和建筑安装工程进行一般鉴定、检查所发生的费用，包括自设试验室进行试验所耗用的材料和化学药品的费用，以及技术革新和研究试验费。

19. **答案**：D

解析：施工辅助费属于建安工程其他工程费，施工辅助费包括生产工具用具使用费、检验试验费和工程定位复测、工程点交、场地清理等费用。

20. **答案**：A

解析：特殊施工期（冬、雨季）增加费的计算方法，是根据各类工程的特点，规定各气温区（雨量区、雨季期）的取费标准。为了简化计算手续，采用全年均摊销的方法，即不论是否在冬季（雨季）施工，均按规定的取费标准计取特殊施工期（冬、雨季）增加费。在所有的其他工程费中，只有冬季施工增加费和雨季施工增加费这两项采用全年均摊销的方法进行计算。

21. **答案**：C

解析：材料费系指施工过程中耗用的构成工程实体的原材料、辅助材料、构（配）件、零件、半成品、成品的用量和周转材料的摊销量，按工程所在地的材料预算价格计算的费用。A 选项属于周转性材料，B 选项属于辅助材料，D 选项属于辅助工程的原材料。C 选项属于临时设施费，不属于直接工程费。

22. **答案：**C

解析：新增无形资产是指新增加的、可供今后企业长期使用但是没有实物形态的资产，包括专利权、著作权、土地使用权、非专利技术、商誉等。

23. **答案：**B

解析：利润系指施工企业完成所承包的工程应取得的盈利。利润按直接费与间接费之和扣除规费的7%计算。

24. **答案：**A

解析：各项规费以各类工程人工费之和为基数，按国家或工程所在地法律、法规、规章、规程规定的标准计算。

25. **答案：**D

解析：施工辅助费包括生产工具用具使用费、检验试验费和工程定位复测、工程点交、场地清理等费用。施工辅助费属于其他工程费。

二、多项选择题

1. **答案：**AC

解析：施工图设计阶段编制的工程造价文件是施工图预算，A 和 C 选项是施工图预算编制的主要依据，在编制施工图预算时，不能使用公路工程概算定额，公路工程估算指标是编制投资估算的依据，公路工程施工定额是施工企业投标报价及组织施工的依据，不是编制设计施工图预算的依据。

2. **答案：**ABCD

解析：竣工决算的编制依据主要包括：①经批准的设计概算或施工图预算以及批准的开工报告文件；②历年的年度基本建设投资计划；③经复核的历年年度的基本建设财务决算；④批准或确认的招标文件及合同文本；⑤工程变更设计文件及经确认的工程变更通知单；⑥竣工图表、竣工结算、中期结算以及索赔资料等；⑦历年有关物资、统计、财务会计核算、劳动工资、材料单价、环境保护等有关资料；⑧工程质量鉴定、检验等有关文件，工程监理有关资料；⑨施工企业交工报告等有关技术经济资料；⑩有关资金的筹集、借贷、工程税金、材料价差等以及上级机关对工程的指示、文件。

3. **答案：**ABCD

解析：施工定额作用包括：①是企业计划管理的依据；②是组织和指挥施工生产的有效工具；③是计算工人劳动报酬的依据；④是企业激励工人的条件；⑤是编制施工预算，加强企业成本管理和经济核算的基础；⑥是编制工程建设定额体系的基础。

4. **答案：**BCE

解析：在施工生产中起主要作用的有三大要素，即劳动力、材料、机械。据此将定额分为劳动消耗定额、机械消耗定额和材料消耗定额三种，简称劳动定额、机械定额、材料定额。

5. **答案**：ABCD

解析：编制设计概算和施工图预算时，下列工程数量由施工组织设计提出，并入路基填方数量内计算。

（1）清除表土或零填方地段的基底压实、耕地填前夯（压）实后，回填至原地面高程所需的土石方数量。

（2）因路基沉降需要增加填筑的土石方数量。

（3）为保证路基边缘的压实度，须加宽填筑时所需的土石方数量。

6. **答案**：BD

解析：材料消耗定额是指在合理用料的条件下，生产合格产品所需消耗的材料。它包括：直接用于建筑和安装工程的材料；不可避免的施工废料；不可避免的材料损耗。直接用于建筑和安装工程的材料，构成材料净用量定额；不可避免的施工废料和材料损耗，构成材料损耗定额。

7. **答案**：BCE

解析：路基土石方的开挖、装卸、运输是按天然密实体积（m^3）计算，填方和利用方则是按压（夯）实后的体积（m^3）计算。所以，A 选项错误，B、E 选项正确。路基弃方是挖方减去利用方，按天然密实体积计算。所以，C 选项正确。借方就是填方。所以，D 选项错误。

8. **答案**：ABCD

解析：竣工决算报告要求编制的概况表及有关说明，反映了工程建设计划和实际的建设规模、技术标准、建设工期、投资、用地、质量及主要工程数量、材料消耗等工程的全面情况。

9. **答案**：BCDE

解析：竣工决算报告由建设项目竣工决算报告封面、竣工平面示意图、竣工报告说明书、竣工决算表格四个部分组成，竣工决算表格中主要体现的是工程造价比较分析。

10. **答案**：ABE

解析：在计算建筑安装工程费之前，必须要有工料机的预算单价（07 表），各项费用的费率（04 表），所以，B、E 选项正确。计算建筑安装工程费与 06 表、12 表无关。本题中迷惑性最大的是 A 选项，现行的概预算编制规定是需要安装的设备，应在第一部分建筑安装工程费的有关项目内另计设备的安装工程费。所以计算建筑安装工程费之前，应先编制设备、工具、器具及家具购置费（05 表）。

11. **答案**：ACD

解析：人工费内容包括基本工资、工资性补贴、生产工人辅助工资、职工福利费。基本工资系指发放生产工人的基本工资，流动施工津贴和生产工人劳动保护费，以及为职工缴纳的养老、失业、医疗保险费和住房公积金等。所以 A、C、D 选项正确。B 选项属于企业管理费，不属于人工单价的组成。E 选项属于机械台班单价的组成部分，不属于人工费。

12. **答案**：ABD

解析：人工费内容包括基本工资、工资性补贴、生产工人辅助工资、职工福利费。A 选项属于基本工资，B 选项属于生产工人辅助工资。所以，A、B、D 选项正确。C 和 E 选项属于企业管理费。

13. **答案**：ABCD

解析：材料预算价格系指材料从来源地或交货地到达工地仓库或施工地点堆放材料的地点后的综合平均价格，所以材料预算价格由材料原价、运杂费、场外运输损耗、采购及仓库保管费组成。A、B、C 选项直接影响材料的原价，D 选项影响材料的运杂费，E 选项不影响材料价格。

14. **答案**：BCE

解析：直接工程费是指施工过程中耗费的构成工程实体和有助于工程形成的各项费用，包括人工费、材料费、施工机械使用费。

15. **答案**：AE

解析：公路工程概、预算费用由建筑安装工程费，设备、工具、器具及家具购置费，工程建设其他费用，预备费四大部分费用组成；建筑安装工程费用由直接费、间接费、利润和税金四部分组成；直接费由直接工程费和其他工程费组成。E 选项属于其他工程费。

16. **答案**：ABDE

解析：规费系指法律、法规、规章、规程规定施工企业必须缴纳的费用（简称规费）。包括养老保险费、失业保险费、医疗保险费、住房公积金、工伤保险费。

17. **答案**：ABC

解析：建设项目管理费包括建设单位（业主）管理费、工程监理费、设计文件审查费和竣（交）工验收试验检测费。

18. **答案**：ABD

解析：其他工程费系指直接工程费以外施工过程中发生的直接用于工程的费用。内容包括冬季施工增加费、雨季施工增加费、夜间施工增加费、特殊地区施工增加费、行车干扰工程施工增加费、施工标准化与安全措施费、临时设施费、施工辅助费、工地转移费等九项。施工辅助费包括生产工具用具使用费、检验试验费和工程定位复测、工程点交、场地清理等费用。C 和 E 选项属于企业管理费。

19. **答案**：BDE

解析：建设项目管理费包括建设单位（业主）管理费、工程监理费、设计文件审查费和竣（交）工验收试验检测费。

20. **答案**：BE

解析：企业管理费由基本费用、主副食运费补贴、职工探亲路费、职工取暖补贴和财务费用五项组成。A、C、D 选项属于企业管理费的基本费用。

21. **答案**：BDE

解析：其他资产费用系指建设投资中除形成固定资产和无形资产以外的部分，主要包括生产准备及开办费等。所以，A 选项错误。工程建设其他费用一般归属于“待摊投资”；预备费用部分在施工期中已转化为建筑安装工程费，因此应归属于“建筑安装工程投资”。通过实际对属于增加固定资产价值的其他投资或待摊投资，应分摊于收益工程，随同收益工程交付使用的同时，一并计入新增固定资产价值。B 和 D 选项属于工程建设其他费用，所以，B、D、E 正确。C 选项土地使用权出让金属于无形资产。

22. **答案：**BCE

解析：其他资产费用系指建设投资中除形成固定资产和无形资产以外的部分，主要包括生产准备及开办费等。所以，A 选项错误。工程建设其他费用一般归属于“待摊投资”；待摊投资应分摊于收益工程，随同收益工程交付使用的同时，一并计入新增固定资产价值。B、C、E 选项属于工程建设其他费用，所以正确。D 选项土地使用权出让金属于无形资产。

23. **答案：**ABDE

解析：A、B 选项属于建设单位（业主）管理费。采购本建设工程用的设备的采购及保管费属于设备、工器具购置费，采购材料所发生的采购及保管费属于建安费。所以，C 选项错误。由施工企业代建设单位（业主）办理“土地、青苗等补偿费”的工作人员所发生的费用，应在建设单位（业主）管理费项目中支付。当建设单位（业主）委托有资质的单位代理招标时，其代理费应在建设单位（业主）管理费中支出。所以，D、E 选项正确。

24. **答案：**ACD

解析：利润的计算公式为：利润 =（直接费 + 间接费 − 规费）× 利润率。直接费是由直接工程费和其他工程费组成。间接费减去规费就是企业管理费，所以，A 和 D 选项正确。直接工程费包括人工费、材料费、施工机械使用费。所以，C 选项正确。

25. **答案：**ACD

解析：其他工程费、间接费的费率首先与工程类别（工程的困难和复杂程度）有关，如土方、路面、桥涵等工程的费率不同。其次与工程所在地的自然条件有关，如气温区、雨量区、海拔高度不同等费率不同。再则与工程所在地的社会条件有关，如规费的标准、工地转移距离等。费率与公路建设等级、里程长短、管理人员工资等无关。

三、判断题

1. **答案：**√

解析：编制设计概算很重要的依据是外业调查资料，外业调查资料的收集与整理是和初步勘察设计工作同时进行的。

2. **答案：**√

解析：施工定额和生产结合最紧密，它直接反映生产技术水平和管理水平，而其他各类定额则是在较高的层次上、较大的跨度上反映社会生产力水平。尽管这些定额有更大的综合性和覆盖面，但它们都不能脱离施工定额所直接反映的生产技术水平和管理水平。

3. **答案**：√

解析：时间定额是指在技术条件正常、生产工具使用合理和劳动组织正确的条件下生产单位合格产品所消耗的劳动时间。产量定额是指在技术条件正常、生产工具使用合理和劳动组织正常的条件下，工人在单位时间内完成合格产品的数量。所以时间定额与产量定额的关系是互为倒数。

4. **答案**：×

解析：施工企业投标报价按照企业定额水平，结合企业自身技术力量、管理水平、市场情况等因素综合报价，不受国家颁布的定额和造价编制办法的约束。

5. **答案**：×

解析：公路工程预算定额规定：定额中的周转性材料、模板、支撑、脚手架和挡土板等数量，已考虑了材料的正常周转次数并计入定额。其中，就地浇筑钢筋混凝土梁用的支架及拱圈用的拱盔、支架，如确因施工安排达不到规定的周转次数时，可根据具体的情况换算并按规定计算回收，其余工程不予抽换。

6. **答案**：×

解析：定额是按一般正常合理的施工组织和正常的施工条件编制的，定额中所采用的施工方法和工程质量标准，主要是根据国家现行公路工程施工技术及验收规范、质量评定标准及安全操作规程取定的。因此，使用定额时不得因具体工程的施工组织、操作方法和材料消耗与定额的规定不同而变更定额。

7. **答案**：×

解析：竣工决算报告在竣工验收委员会审查同意及项目通过正式验收后三个月内报出，大中型建设项目的竣工决算报告送交通运输部一式四份，报告送建设银行总行一份；属经营性投资建设项目还需报送国家交通投资公司一式两份；小型建设项目竣工决算报告只需报送项目主管单位。竣工决算报告由建设单位（业主）编制。

8. **答案**：√

解析：材料预算价格系指材料从来源地或交货地到达工地仓库或施工地点堆放材料的地点后的综合平均价格，所以材料预算价格由材料原价、运杂费、场外运输损耗、采购及仓库保管费组成。

9. **答案**：×

解析：《公路工程基本建设项目概算预算编制办法》（JTG B06—2007）规定：人工费用单价仅作为编制概、预算的依据，不作为施工企业实发工资的依据。

10. **答案**：×

解析：其他工程费的计算基数不完全是直接工程费，其他工程费有的是以直接工程费为基数计算，有的是以人工费和机械使用费的和为基数计算。

11. **答案**：×

解析：生产工具用具使用费属于其他工程费，不属于企业管理费。

12. **答案**：√

解析：冬季施工增加费的计算方法，是根据各类工程的特点，规定各气温区的取费标准。为了简化计算手续，采用全年均摊销的方法，即不论是否在冬季施工，均按规定的取费标准计取冬季施工增加费。

四、综合分析题

1. **答案**：

问题（1）：工程预付款 = 6 500 × 10% = 650（万元）。

问题（2）：

直接工程费 = 120 + 310 + 240 = 670（元/m^3）

其他工程费 = 670 × 0.05 = 33.5（元/m^3）

直接费 = 670 + 33.5 = 703.5（元/m^3）

规费 = 120 × 0.4 = 48（元/m^3）

企业管理费 = 703.5 × 0.1 = 70.35（元/m^3）

间接费 = 48 + 70.35 = 118.35（元/m^3）

利润 =（703.5 + 70.35）× 0.07 = 54.12（元/m^3）或

（703.5 + 118.35 − 48）× 0.07 = 54.12（元/m^3）

税金 =（703.5 + 118.35 + 54.12）× 0.0341 = 29.87（元/m^3）

建筑安装工程费（单价）= 703.5 + 118.35 + 54.12 + 29.87 = 895.84（元/m^3）

问题（3）：

增加工作的工程款 = 460 × 352 = 16.19（万元）

第 8 月应付工程款 =（500 + 16.19）×（1 − 5%）− 650 ÷ 5 = 360.38（万元）

问题（4）：

该分项工程增加工程量后的差价 =（680 − 500 × 1.1）× 1 200 ×（1 − 0.9）= 1.56（万元）

或该分项工程的工程款 =［500 × 1.1 × 1 200 +（680 − 500 × 1.1）× 1 200 × 0.9］= 80.04（万元）

承包人结算报告中该分项工程的工程款 = 680 × 1200 = 81.6（万元）

承包人多报的该分项工程的工程款 = 81.6 − 80.04 = 1.56（万元）

第 14 个月应付工程款 =（600 − 1.56）×（1 − 5%）= 568.52（万元）

2. **答案**：

（1）发电机组的台班预算单价：

不变费用 = 200 + 90 + 200 + 10 = 500（元/台班）

可变费用 = 2 × 60 + 300 × 8.8 = 2760（元/台班）

发电机组台班单价 = 500 + 2 760 = 3260（元/台班）

（2）自发电的单价：

$$A = 0.24 \times K \div N = 0.24 \times 3\,260 \div 300 = 2.61 \text{（元/kW·h）}$$

（3）水泥混凝土拌和站的台班预算单价：

不变费用 = 800 + 150 + 250 = 1 200（元/台班）

可变费用 = 8 × 60 + 700 × 2.61 = 2 307（元/台班）

水泥混凝土拌和站台班单价 = 1 200 + 2 307 = 3 507（元/台班）

考点3　施工招投标中的费用管理

一、单项选择题

1. **答案：**B

解析：根据《中华人民共和国招标投标法》的有关规定，在中华人民共和国境内进行下列工程建设项目包括项目的勘察、设计、施工、监理以及与工程建设有关的重要设备、材料等的采购，必须进行招标：

（1）大型基础设施、公用事业等关系社会公共利益、公众安全的项目。

（2）全部或者部分使用国有资金投资或者国家融资的项目。

（3）使用国际组织或者外国政府贷款、援助资金的项目。

2. **答案：**D

解析：根据我国的有关规定，有下列情形之一的，经批准可以进行邀请招标：

（1）项目技术复杂或有特殊要求，只有少量几家潜在投标人可供选择的。

（2）受自然地域环境限制的。

（3）涉及国家安全国家秘密或者抢险救灾，适宜招标但不宜公开招标的。

（4）拟公开招标的费用与项目的价值相比，不值得的。

（5）法律、法规规定不宜公开招标的。

3. **答案：**B

解析：根据我国有关法律、法规的规定，下列公路工程项目必须进行招标，但涉及国家安全、国家秘密、抢险救灾或者利用扶贫资金实行以工代赈等不适宜进行招标的项目除外：

（1）施工单项合同估算价在200万元人民币以上的施工项目。

（2）重要设备、材料等货物的采购，单项合同估算价在100万元人民币以上的。

（3）勘察、设计、监理等服务的采购，单项合同估算价在50万元人民币以上的。

（4）单项合同估算价低于第（1）、（2）、（3）项规定的标准，但项目总投资额在3 000万元人民币以上的。

4. **答案：**C

解析：按照《公路工程标准施工招标文件》（2009年版）的规定，投标预备会后，招标人在投标人须知前附表规定的时间内，将对投标人所提问题的澄清，以书面方式通知所有购买招标文件的投标人。该澄清内容为招标文件的组成部分。

当招标文件、招标文件的澄清或修改等在同一内容的表述上不一致时，以最后发出的书面文件为准。招标文件的澄清将在投标人须知前附表规定的投标截止时间15天前以书面形式发给所有购买招标文件的投标人，但不指明澄清问题的来源。

5. **答案**：B

解析：按照《公路工程标准施工招标文件》（2009 年版）的规定，招标人和中标人应当自中标通知书发出之日起 30 天内，根据招标文件和中标人的投标文件订立书面合同。《中华人民共和国招标投标法》规定：依法必须进行招标的项目，招标人应当自确定中标人之日起 15 日内，向有关行政监督部门提交招标投标情况的书面报告。

6. **答案**：A

解析：开标由开标人、唱标人、记录人、监标人等有关人员参与，监标人可由监督部门或公证机构的人员组成。

7. **答案**：D

解析：中标人不能按要求提交履约担保的，视为放弃中标，其投标保证金不予退还，给招标人造成的损失超过投标保证金数额的，中标人还应当对超过部分予以赔偿。

8. **答案**：C

解析：按照《公路工程标准施工招标文件》（2009 年版）的规定，招标人在规定的投标截止时间（开标时间）和投标人须知规定的地点公开开标，并邀请所有投标人的法定代表人或其委托代理人准时参加。投标人若未派法定代表人或委托代理人出席开标活动，视为该投标人默认开标结果。

9. **答案**：B

解析：评标由招标人依法组建的评标委员会负责。评标委员会由招标人或其委托的招标代理机构熟悉相关业务的代表以及有关技术、经济等方面的专家组成，成员人数为 5 人以上单数，其中技术、经济等方面的专家不得少于成员总数的三分之二。其评标委员会的专家成员应当从评标专家库内相关专业的专家名单中以随机抽取方式确定。任何单位和个人不得以明示、暗示等任何方式指定或者变相指定参加评标委员会的专家成员。

10. **答案**：C

解析：招标人依据评标委员会推荐的中标候选人确定中标人，所以，A 选项错误。对投标人报价进行评审时以评标价为依据，所以，C 选项错误。评标委员会成员不得向他人透漏对投标文件的评审和比较、中标候选人的推荐情况以及评标有关的其他情况，所以，C 选项正确。《中华人民共和国招标投标法》第四十三条规定，在确定中标人前，招标人不得与投标人就投标价格、投标方案等实质性内容进行谈判。所以，D 选项错误。

11. **答案**：C

解析：由招标人或招标投标管理机构的人员核查投标人提交的投标文件和有关证件、资料，检视其密封、标志、签署等情况。经确认无误后，当众启封投标文件，宣布核查检视结果。

12. **答案**：C

解析：按照《公路工程标准施工招标文件》（2009 年版）的规定，自招标文件开始发售之日起至投标人递交投标文件截止时间止，高速公路、一级公路、技术复杂的特大桥梁、特长隧道不得少于 28 天，其他公路工程不得少于 20 天。

13. **答案**：A

解析：按照《公路工程标准施工招标文件》（2009 年版）的规定，有下列情形之一的，投标保证金将不予退还：

（1）投标人在规定的投标有效期内撤销或修改其投标文件。

（2）中标人在收到中标通知书后，无正当理由拒签合同协议书或未按招标文件规定提交履约担保。

（3）投标人不接受依据评标办法的规定对其投标文件中细微偏差进行澄清和补正。

（4）投标人提交了虚假资料。

14. **答案**：D

解析：不平衡报价法。具体表现形式如下：

（1）先期开工的项目（如开工费、土方、基础等）的单价报价高，后期开工的项目如高速公路的路面，交通设施、绿化等附属设施的单价报价低。

（2）估计到以后会增加工程量的项目的单价报价高，工程量会减少的项目的单价报价低。

（3）图纸不明确或有错误的，估计今后会修改的项目的单价报价高，估计今后会取消的项目的单价报价低。

（4）没有工程量，只填单价的项目（如拆除建筑物）其单价报价高（这样既不影响投标总价，又有利于多获利润）。

（5）对暂列金额项目，承包人做的可能性大时，其单价报价高，反之，报价低。

（6）对于允许价格调整的工程，当预计计算所得的调价系数高于利率及物价上涨带来的影响时，则后期施工的工程子目的单价报价高，反之，报价低。

15. **答案**：B

解析：施工投标的基本程序是：研究招标文件；参加投标预备会；考察施工现场；核实工程数量；调查收集影响投标报价的资料和数据；制订施工方案、编制施工组织计划；进行成本分析、编制成本预算；编制施工图预算；分析投标环境、制定投标策略；制订报价方案、填写工程量清单；填写投标书、办理投标担保手续。

16. **答案**：C

解析：按照《公路工程标准施工招标文件》（2009 年版）的规定，投标人如果发现工程量清单中的数量与图纸中数量不一致时，应立即通知招标人核查，除非招标人以书面方式予以更正，否则，应以工程量清单中列出的数量为准。

17. **答案**：D

解析：按照《公路工程标准施工招标文件》（2009 年版）的规定，合理低价法除技术特别复杂的特大桥和长大隧道工程外，公路工程施工招标评标一般应当使用合理低价法。使用世界银行、亚洲开发银行等国际金融组织贷款的项目和工程规模较小、技术含量较低的工程采用经评审的最低投标价法进行评标。

18. **答案**：A

解析：按照《公路工程标准施工招标文件》（2009 年版）的规定，评标委员会对满足招标文件实质性要求的投标文件，按照规定的评分标准进行打分，并按得分由高到低顺序推荐中标候选人，或根据招标人授权直接确定中标人，但投标报价低于其成本的除外。综合评分相等时，以投标报价低的优先；投标报价也相等的，招标人可采用被招标项目所在地省级交通主管部门评为较高信用等级的投标人优先或递交投标文件时间较前的投标人优先或其他方法确定第一中标候选人。

19. **答案**：A

解析：按照《公路工程标准施工招标文件》（2009 年版）的规定，评标委员会发现投标人的报价明显低于其他投标报价，或者在设有标底时明显低于标底，使得其投标报价可能低于其个别成本的，应当要求该投标人做出书面说明并提供相应的证明材料。投标人不能合理说明或者不能提供相应证明材料的，由评标委员会认定该投标人以低于成本报价竞标，其投标作废标处理。

20. **答案**：C

解析：按照《公路工程标准施工招标文件》（2009 年版）的规定，评标价的确定有两种方法，即方法一：评标价 = 投标函文字报价；方法二：评标价 = 投标函文字报价 - 暂估价 - 暂列金额（不含计日工总额）。

21. **答案**：C

解析：按照《公路工程标准施工招标文件》（2009 年版）的规定，评标价的确定有两种方法，即方法一：评标价 = 投标函文字报价；方法二：评标价 = 投标函文字报价 - 暂估价 - 暂列金额（不含计日工总额）。

22. **答案**：A

解析：采用综合评估法评标，评标委员会对满足招标文件实质性要求的投标文件，按照规定的评分标准进行打分，并按综合评估得分由高到低顺序推荐中标候选人，或根据招标人授权直接确定中标人，但投标报价低于其成本的除外。

二、多项选择题

1. **答案**：ABDE

解析：根据《中华人民共和国招标投标法》的有关规定，在中华人民共和国境内进行下列工程建设项目包括项目的勘察、设计、施工、监理以及与工程建设有关的重要设备、材料等的采购，必须进行招标：

（1）大型基础设施、公用事业等关系社会公共利益、公众安全的项目。

（2）全部或者部分使用国有资金投资或者国家融资的项目。

（3）使用国际组织或者外国政府贷款、援助资金的项目。

但涉及国家安全、国家秘密、抢险救灾或者利用扶贫资金实行以工代赈等不适宜进行招标的项目除外。

2. **答案**：BCDE

解析：根据我国有关法律、法规的规定，下列项目必须进行招标，但涉及国家安全、国家秘密、抢险救灾或者利用扶贫资金实行以工代赈等不适宜进行招标的项目除外：

（1）施工单项合同估算价在 200 万元人民币以上的施工项目。

（2）重要设备、材料等货物的采购，单项合同估算价在 100 万元人民币以上的。

（3）勘察、设计、监理等服务的采购，单项合同估算价在 50 万元人民币以上的。

（4）单项合同估算价低于第（1）、（2）、（3）项规定的标准，但项目总投资额在 3 000 万元人民币以上的。

3. **答案**：ABE

解析：邀请招标由于参加的投标单位相对较少，一定程度上限制了竞争，但却提高了交易效率，降低了交易成本。参加竞争的投标人数目可由招标单位控制，目标集中，招标的组织工作较容易，工作量比较小。

4. **答案**：ACE

解析：投标人须知包括工程概况、招标内容、招标文件的组成、投标文件的组成、报价的原则、招标投标时间安排等关键的信息。首先，投标人需要注意招标工程的详细内容和范围，避免遗漏或多报。其次，还要特别注意投标文件的组成，避免因提供的资料不全而被作为废标处理。还要注意招标答疑时间、投标截止时间等重要时间安排，避免因遗忘或迟到等原因而失去竞争机会。

5. **答案**：ABCE

解析：自招标文件出售之日起至停止出售之日止，最短不得少于 5 个工作日；投标人必须自费购买相关招标或者资格预审文件，但对招标文件或者资格预审文件的收费应合理，不得以营利为目的；招标文件或者资格预审文件售出后，不予退还；招标人在发布招标公告、发出投标邀请书或者售出招标文件或者资格预审文件后，不得擅自终止招标。自招标文件开始发售之日起至投标人递交投标文件截止时间止，高速公路、一级公路、技术复杂的特大桥梁、特长隧道不得少于 28 天，其他公路工程不得少于 20 天。

6. **答案**：ABC

解析：D、E 选项均属于有效投标中的未作实质性响应的重大偏差，应在初评阶段淘汰的投标书。

7. **答案**：BD

解析：招标的目的就是选出合格的承包人，所以要最大限度地满足招标文件，B 正确，报价最低不一定最优，应全面考虑投标文件。能够满足招标文件的实质性要求，并且经评审的投标价格最低，但是投标价格低于成本的除外。所以 D 正确。

8. **答案**：AC

解析：按照《公路工程标准施工招标文件》（2009 年版）规定，未按要求密封和加写标记的投标文件，招标人不予受理。逾期送达的或者未送达指定地点的投标文件，招标人不予受理。允许投标人递交备选投标方案的，只有中标人所递交的备选投标方案方可予以考虑。评标委员会认为中标人的备选投标方案优于其按照招标文件要求编制的投标方案的，招标人可以接受该备选投标方案。施工组织设计（含关键工程技术方案）和项目管理机构不够完善属于细微偏差。

9. **答案**：BCDE

解析：施工招标的基本程序如下：

（1）招标人确定招标方式。

（2）招标人编制资格预审文件和招标文件。

（3）招标人发布招标广告，发售资格预审文件（采用邀请招标的，招标人可直接发出投标邀请书，发售招标文件）。

（4）对潜在的投标人进行资格审查，将资格预审结果报主管部门审批。

（5）向资格预审合格的潜在投标人发售招标文件。

（6）组织投标人考察施工现场，召开标前会议。

（7）接受投标人的投标文件，公开开标。

（8）组建评标委员会评标，推荐中标候选人。

（9）招标人确定中标人，并将评标报告和评标结果报交通主管部门备案。

（10）招标人发出中标通知书。

（11）招标人与中标人签订公路工程施工承包合同。

10. **答案**：ACD

解析：投标文件应包括下列内容：投标函及投标函附录；法定代表人身份证明或附有法定代表人身份证明的授权委托书；联合体协议书；投标保证金；已标价工程量清单；施工组织设计；项目管理机构；拟分包项目情况表；资格审查资料；承诺函；调价函及调价后的工程量清单（如有）；投标人须知前附表规定的其他材料。

11. **答案**：ABDE

解析：按照《公路工程标准施工招标文件》（2009 年版）的规定，联合体投标应遵守以下规定。

（1）联合体各方应按招标文件提供的格式签订联合体协议书，明确联合体牵头人和各方权利义务。

（2）由同一专业的单位组成的联合体，按照资质等级较低的单位确定资质等级。

（3）联合体各方不得再以自己名义单独或参加其他联合体在同一标段中投标。

（4）联合体所有成员数量不得超过投标人须知前附表规定的数量。

（5）联合体牵头人所承担的工程量必须超过总工程量的 50%。

（6）联合体各方应分别按照本招标文件的要求，填写投标文件中的相应表格，并由联合体牵头人负责对联合体各成员的资料进行统一汇总后一并提交给招标人；联合体牵头人所提交的投标文件应认为已代表了联合体各成员的真实情况。

（7）尽管委任了联合体牵头人，但联合体各成员在投标、签约与履行合同过程中，仍负有连带的和各自的法律责任。

12. **答案**：ABDE

解析：按照《公路工程标准施工招标文件》（2009 年版）的规定，本项目严禁转包和违规分包，且不得再次分包。投标人拟在中标后将中标项目的部分非主体、非关键性工作进行分包的，应符合以下规定。

分包内容要求：允许分包的工程范围仅限于非关键性工程或者适合专业化队伍施工的专业工程。

分包金额要求：专业工程分包的工程量累计不得超过总工程量的 30%。

接受分包的第三人资质要求：分包人的资格能力应与其分包工程的标准和规模相适应，具备相应的专业承包资质或劳务分包资质。

按投标函附录约定分包工程的，承包人应向发包人和监理人提交分包合同副本。

13. **答案**：ABCD

解析：标底必须适应目标工期的要求，必须适应招标方的质量要求，必须适应市场价格的变化，必须合理考虑本招标工程的自然地理条件和招标工程范围等。C 选项有较大迷惑性，施工组织设计是影响施工图预算、标底、报价等工程造价文件的主要因素。编制标底时不予考虑施工单位的因素。

14. **答案**：ABCE

解析：工程量清单中有标价的单价和总额价均应包括为实施和完成合同工程所需的劳务、材料、机械、质检（自检）、安装、缺陷修复、管理、保险（工程一切险和第三方责任险除外）、税费、利润等费用以及合同明示或暗示的所有责任、义务和一般风险。

15. **答案**：ABE

解析：标底必须适应目标工期的要求，必须适应招标方的质量要求，必须适应市场价格的变化，必须合理考虑本招标工程的自然地理条件和招标工程范围等。C 选项有较大迷惑性，与采购渠道无关。标底是建筑安装工程造价表现形式，是招标工程的预期价格，是一个综合价格，不需要考虑间接费与直接费的相互关系。

16. **答案**：ABDE

解析：工程量清单中有标价的单价和总额价均应包括为实施和完成合同工程所需的劳务、材料、机械、质检（自检）、安装、缺陷修复、管理、保险（工程一切险和第三方责任险除外）、税费、利润等费用以及合同明示或暗示的所有责任、义务和一般风险。

17. **答案**：CE

解析：按照《公路工程标准施工招标文件》（2009 年版）的规定，综合评估法仅适用于技术特别复杂的特大桥梁和长大隧道工程。公路工程施工招标评标一般应当使用合理低价法。使用世界银行、亚洲开发银行等国际金融组织贷款的项目和工程规模较小、技术含量较低的工程采用经评审的最低投标价法进行评标。

18. **答案**：ACE

解析：按照《公路工程标准施工招标文件》（2009 年版）的规定，评标过程包括初步评审和详细评审两个阶段。初步评审包括形式评审、资格评审、响应性评审。详细评审主要是施工组织设计、项目管理机构、投标报价综合评审。

19. **答案**：ABCD

解析：投标文件不符合初步评审标准以及按照规定对投标价进行算术性错误修正及其他错误修正后，最终投标报价超过投标控制价上限（如有）的，属于重大偏差，视为对招标文件未做出实质性响应，按废标处理。按照规定对投标价进行算术性错误修正及其他错误修正后，最终投标报价未超过投标控制价上限（如有）的以及施工组织设计（含关键工程技术方案）和项目管理机构不够完善属于细微偏差。A、B、C、D选项属于不符合初步评审标准，属于重大偏差。

20. **答案**：CE

解析：按照《公路工程标准施工招标文件》（2009年版）的规定，评标价的确定有两种方法，即方法一：评标价 = 投标函文字报价；方法二：评标价 = 投标函文字报价 - 暂估价 - 暂列金额（不含计日工总额）。

21. **答案**：ACDE

解析：根据《中华人民共和国招标投标法》第四十条的有关规定：评标委员会完成评标后，应当向招标人提出书面评标报告，并推荐合格的中标候选人。所以B选项错误，其他选项均符合规定。

22. **答案**：BCDE

解析：施工评标主要是对投标人的施工组织设计、项目管理机构、评标价、财务能力、业绩、履约信誉等综合评定。

三、判断题

1. **答案**：√

解析：采用邀请招标方式，应当向三个以上具备承担招标项目的能力、资信良好的特定法人或者其他组织发出投标邀请书。

2. **答案**：×

解析：每套招标文件售价只计工本费，最高不超过1 000元（不含图纸部分）；图纸每套售价最高不超过3 000元；参考资料也应只计工本费，最高不超过1 000元。

3. **答案**：√

解析：按照《公路工程标准施工招标文件》（2009年版）的规定，联合体各方应按招标文件提供的格式签订联合体协议书，明确联合体牵头人和各方权利义务；联合体牵头人所承担的工程量必须超过总工程量的50%。

4. **答案**：√

解析：按照《公路工程标准施工招标文件》（2009年版）的规定，除招标人的原因外，投标人自行负责在踏勘现场中所发生的人员伤亡和财产损失。

5. **答案**：×

解析：按照《公路工程标准施工招标文件》（2009年版）的规定，招标人提供的本合同工程的水文、地质、气象和料场分布、取土场、弃土场位置等参考资料，并不构成合同文件的组成部分，投标人应对自己就上述资料的解释、推论和应用负责，招标人不对投标人据此做出的判断和决策承担任何责任。

6. **答案：**√

解析：按照《公路工程标准施工招标文件》（2009年版）的规定，对投标价进行算术性错误修正及其他错误修正后，投标人最终投标报价未超过投标控制价上限（如有）的情况下，及施工组织设计（含关键工程技术方案）和项目管理机构不够完善，属于细微偏差。

7. **答案：**√

解析：按照《公路工程标准施工招标文件》（2009年版）的规定，对投标价进行算术性错误修正及其他错误修正后，投标人最终投标报价未超过投标控制价上限（如有）的情况下，及施工组织设计（含关键工程技术方案）和项目管理机构不够完善，属于细微偏差。

8. **答案：**√

解析：招标控制价是施工企业投标的上限价，超过此价，投标无效，所以招标控制价不需要保密，应在招标文件中说明。

9. **答案：**√

解析：增加工程量的项目的提高报价，在工程实施过程中会获得更多的利润，所以对投标人有利。

10. **答案：**√

解析：按照《公路工程标准施工招标文件》（2009年版）的规定，一份投标文件应只有一个投标报价，在招标文件没有规定的情况下，未提交选择性报价。如果提交了选择性报价，属于重大偏差，该投标文件按废标处理。

四、综合分析题

答案：

（1）对投标企业进行资质审查，包括的主要内容有：

①企业的营业执照、注册资金、近两年的财务报表。

②企业的开户银行及账号，可用于投标工程的资金状况。

③企业的等级、生产能力及设备情况。

④企业的技术力量。

⑤企业的简历、承包类似工程的经验。

⑥企业的质量意识及质量保证体系。

⑦企业的履约情况，近两年介入诉讼情况。

（2）施工单位提出的索赔要求是不合理的。理由是：

①在施工图预算中的其他工程费内已经包含了冬雨季施工的增加费，不应该再单独索取雨季施工增加费。

②出现索赔事项应在约定时间内提出索赔要求，竣工结算时无权再重复提出索赔。

（3）恪守合同原则，尊重事实原则，公平合理原则，分级审批原则。

考点4　工程费用计量与支付

一、单项选择题

1. **答案：**D

解析：合同规定计量的项目包括以下三个方面：清单中的工程细目、合同文件中规定的项目、工程变更项目。

2. **答案：**A

解析：挖除路基范围内非适用材料及淤泥（不包括借土场）的数量，应以承包人测量，并经监理人审核批准的断面或实际范围为依据的计算数量，分别以 m^3 计量。所以，A 选项错误，其他均正确。

3. **答案：**A

解析：加筋土挡土墙的基坑开挖与回填、墙顶抹平层、沉降缝的填塞、泄水管的设置及钢筋混凝土带的钢筋等，均作为承包人的附属工作，不另计量。所以，A 选项正确。其他选项中钢筋都需要单独计量。

4. **答案：**B

解析：工程量清单中投标人没有填入单价或价格的子目，其费用视为已分摊在工程量清单中其他相关子目的单价或价格之中。承包人必须按监理人指令完成工程量清单中未填入单价或价格的子目，但不能得到结算与支付。

5. **答案：**A

解析：工程量清单中所列工程数量是估算的或设计的预计数量，仅作为投标报价的共同基础，不能作为最终结算与支付的依据。工程量清单中所列工程量的变动，丝毫不会降低或影响合同条款的效力，也不免除承包人按规定的标准进行施工和修复缺陷的责任。

6. **答案：**B

解析：工程量清单中投标人没有填入单价或价格的子目，其费用视为已分摊在工程量清单中其他相关子目的单价或价格之中。承包人必须按监理人指令完成工程量清单中未填入单价或价格的子目，但不能得到结算与支付。

7. **答案：**C

解析：计量方法的基本规定中规定：除监理人另有批准外，凡超过图纸所示的面积或体积，都不予计量与支付。

8. **答案：**A

解析：监理人的计量权力实际上是对计量结果的确认权。具体说来，监理人有权拒绝对质量不合格部分的计量，同样他有权审查和核实承包人的计量记录，删除那些不合理的部分。

9. **答案**：D

解析：监理人在收到承包人进度付款申请单以及相应的支持性证明文件后的14天内完成核查，经发包人审查同意后，由监理人向承包人出具经发包人签认的进度付款证书。发包人应在监理人收到进度付款申请单后的28天内，将进度应付款支付给承包人。

10. **答案**：A

解析：价格调整的计算公式为：$ADJ = LCP$（或 FCP）×（$C_0 + \sum C_iD_i - 1$），将已知条件中的数据代入计算即可。即价格调整额为：

$$ADJ = 500 \times \left(0.2 \times \frac{107}{105} + 0.1 \times \frac{106}{102} + 0.25 \times \frac{115}{110} + 0.45 - 1\right) = 9.55\text{（万元）}$$

所以，A选项正确。

采用价格指数法计算价格调整时，须注意其计算思路是把合同价作1来计算，所以，要求，各种材料或费用的权重之和为1，调价部分分别为20%、10%、25%，那么不调价的权重为45%。

11. **答案**：B

解析：计算公式为（15 000 − 10 000 × 1.1）×400 × 0.9 + 10 000 × 1.1 × 400 = 584（万元）。在计算中，须注意的是，超出合同规定范围的才进行调价，在本题中，对超出10 000m^3的10%的部分调价，即超出11 000m^3的部分是4 000m^3调价。

12. **答案**：A

解析：质量保证金的计算基数为永久性工程款 + 工程变更款 + 费用索赔款 + 价格调整金额，应扣留的质量保证金为（2 000 + 200 + 100）×0.05 = 115（万元），应支付的工程款为永久性工程款 + 工程变更款 + 费用索赔款 + 价格调整金额 − 应扣回的开工预付款 + 应支付的材料预付款 − 质量保证金。即2 000 + 200 + 100 + 200 − 200 + 400 − 115 = 2 585（万元）。在质量保证金计算中，须注意，质量保证金的计算额度不包括预付款的支付、扣回以及价格调整的金额。

13. **答案**：B

解析：工程结算的方式有按月结算、竣工后一次结算、分段结算、双方约定的其他结算方式四种。其中按月结算是最常见结算方式；竣工后一次结算适用于工期12个月以内，工程价值在100万元以下的工程结算。

二、多项选择题

1. **答案**：AC

解析：沥青混凝土路面和水泥混凝土路面所需的外掺剂不另行计量，所以，A选项正确。埋设路缘石的基槽开挖与回填、夯实以及混凝土垫层或水泥砂浆垫层等有关杂项工作均属承包人的附属工作，不另行计量。所以，C选项正确。水泥混凝土路面的补强钢筋及拉杆、传力杆等钢筋按图纸要求设置，经监理人现场验收后以kg计量。所以，B、E选项错误。透层和黏层按图纸规定的或监理人指示的喷洒面积，经监理人验收合格，以m^2计量。

所以，D 选项错误。

2. **答案**：AE

解析：加筋土挡土墙的基坑开挖与回填、墙顶抹平层、沉降缝的填塞、泄水管的设置及钢筋混凝土带的钢筋等，均作为承包人的附属工作，不另计量。坡面排水所用砂砾垫层或基础材料、填缝材料、钢筋以及地基平整夯实及回填等土方工程均含入相关子目单价之中，不另行计量与支付，所以，A、E 选项正确。其他选项中钢筋都需要单独计量。

3. **答案**：ABDE

解析：附属结构、圆管涵、倒虹吸管、盖板涵、拱涵、通道的钢筋，均包含在各项目内，不另行计量。附属结构包括缘石、人行道、防撞墙、栏杆、护栏、桥头搭板、枕梁、抗震挡块、支座垫块等构造物。

4. **答案**：ABCD

解析：采用工程量清单计价方法具有如下一些特点：满足竞争的需要；提供了一个平等的竞争条件；有利于工程款的拨付和工程造价的最终确定；有利于实现风险的合理分担；有利于业主对投资的控制。

5. **答案**：ACDE

解析：工程量清单是招标人提供的，是投标人投标报价的基础，也是招标人编制标底或招标控制价的依据。而标有单价的工程量清单是办理中期支付和结算以及处理工程变更计价的依据。

6. **答案**：ABCE

解析：计日工由招标人列出正常的估计数量，投标人报价，计算出计日工总额后列入工程量清单汇总表中并进入评标价。所以，E 选项正确，暂估价不计入投标报价汇总表，更不进入评标价。所以，D 选项错误。关于 A、B、C 是工程量清单的基本要求，均正确。

7. **答案**：ACDE

解析：工程量清单是指招标人按照招标文件中有关要求及技术规范的有关规定，将工程进行合理分解，据此明确工程内容和范围，并将有关工程内容数量化的一套工程数量表。所以，B 选项错误，其他选项均正确。

8. **答案**：ACD

解析：工程计量一般有三种组织类型，即监理人单独计量、承包人单独计量和监理人与承包人联合计量。这三种计量各有特点，但无论如何，计量必须符合合同的要求，其结果必须由监理人确认。

9. **答案**：ABCD

解析：计量的依据一般有质量合格证书，工程量清单说明言，合同条件中的“计量支付”条款，技术规范中有关计量支付的内容（或独立的计量支付说明）和设计图纸及各种测量数据。

10. **答案**：ABE

解析：《公路工程标准施工招标文件》（2009 年版）第 17 条中规定：除专用合同条

款另有约定外，单价子目已完成工程量按月计量，总价子目的计量周期按批准的支付分解报告确定。每月进行计量是以便掌握工程进度情况及核定月进度款，对于隐蔽工程，则须在工程覆盖之前进行计量。否则，在覆盖后再进行计量将使工作更复杂和更困难。

11. **答案**：AD

解析：单价子目支付项目的支付条件是完成了技术规范和设计图纸所规定的工作内容，且质量合格，计量结果准确无误，并附相应的符合合同要求的支持性证明文件。

12. **答案**：BCE

解析：监理人审查期中支付申请，要求做到：申请的格式和内容应满足合同要求；各项资料、证明文件手续齐全；所有款项计算与汇总无误。

13. **答案**：ABCD

解析：材料、设备预付款的支付条件有：材料设备将被用于永久性工程；材料、设备符合规范要求并经监理人认可；承包人已出具材料、设备费用凭证或支付单据；材料、设备已在现场交货，且存储良好，监理人认为材料、设备的存储方法符合要求。

14. **答案**：ADE

解析：单价子目支付项目的支付条件是完成了技术规范和设计图纸所规定的工作内容，且质量合格，计量结果准确无误，并附相应的符合合同要求的支持性证明文件。对于工程变更项目，必须有总监理工程师的书面变更指示，才能办理工程变更支付。

15. **答案**：CD

解析：缺陷责任期内，承包人不履行或没有完全履行合同约定的责任，发包人可按合同约定扣除保证金，并由承包人承担违约责任。本题中已明确是承包人原因，并造成了损失，承包人应承担赔偿责任，所以 A 选项不正确。

三、判断题

1. **答案**：×

解析：水泥混凝土路面的补强钢筋及拉杆、传力杆等钢筋按图纸要求设置，经监理人现场验收后以 kg 计量。因搭接而增加的钢筋不予计入。

2. **答案**：×

解析：土方体积可采用平均断面积法计算，但与似棱体公式计算结果比较，如果误差超过 ±5% 时，监理人可指示采用似棱体公式。路基填方计量中应扣除跨径大于 5m（或技术规范中规定的某一跨径）的通道、涵洞及小桥的空间体积。

3. **答案**：×

解析：工程量清单的工程量是反映承包人的义务量大小及影响造价管理的重要数据。直接影响投标人的施工组织方案及投标报价的高低，所以在工程量的整理计算中，应认真、细致，保证其准确性，做到不重不漏，不发生计算错误。

4. **答案**：√

解析：《公路工程标准施工招标文件》（2009 年版）第 3.1 条明确规定：合同约定应由承包人承担的义务和责任，不因监理人对承包人提交文件的审查或批准，对工程、材料和设备的检查和检验以及为实施监理做出的指示等职务行为而减轻或解除。

5. **答案：**√

解析：在对以往历次已签发的进度付款证书进行汇总和复核中发现错、漏或重复的，监理人有权予以修正，承包人也有权提出修正申请。经双方复核同意的修正，应在本次进度付款中支付或扣除。

6. **答案：**×

解析：《公路工程标准施工招标文件》（2009 年版）通用合同条款 17.1.5 项的规定：承包人在合同约定的每个计量周期内，对已完成的工程进行计量，并向监理人提交进度付款申请单、专用合同条款约定的合同总价支付分解表所表示的阶段性或分项计量的支持性资料以及所达到工程形象目标或分阶段需完成的工程量和有关计量资料。监理人对承包人提交的上述资料进行复核，以确定分阶段实际完成的工程量和工程形象目标。

7. **答案：**√

解析：暂列金额在工程中不一定会发生，但暂估价在工程中一定会发生，暂列金额应由监理人报发包人批准后指令全部或部分地使用，或者根本不予动用。

8. **答案：**×

解析：暂估价指发包人在工程量清单中给定的用于支付必然发生但暂时不能确定价格的材料、设备以及专业工程的金额。

四、综合分析题

1. **答案：**

（1）能够计量的项目如下：

①场地清理 3 500m^2。路基范围以内的场地清理按 m^2 计量。挖土方 4900m^3，路基土方开挖数量包括边沟、排水沟、截水沟，以 m^3 计量。在挖方路基的路床顶面以下，土方断面挖松深 300mm 再压实，不予计量。

②借土填方 5 200m^3。借土填方，按压实的体积，以 m^3 计量，借土场的场地清理不另行计量。

③路基边沟 160m，路基截水沟 90m。边沟、排水沟、截水沟按实际长度，分不同结构类型以 m 计量。土方开挖合并在路基挖方中计量，砂砾垫层不另行计量。

④钢筋混凝土盖板通道 49m。钢筋混凝土通道以图纸规定的洞身长度或经监理人同意的现场沿涵洞中心线测量的进出口之间的洞身长度，经验收合格后按不同孔径及孔数以 m 计量，盖板通道所用钢筋不另计量。通道范围（进出口之间距离）以内的土石方及边沟、排水沟等均含入洞身报价之中不另行计量。

（2）工程计量，承包人应提交的资料包括：批准的开工申请单；承包人的自检合格资料，且检验频率符合要求；监理工程师的抽检合格资料；中间交工证书。

2. **答案：**

（1）现场计量程序：

①由监理人负责通知承包人计量时间，做好计量准备。

②按通知的时间到现场计量。

③将计量记录报监理工程师核对确认。

路基工程计量采用的方法：断面法。

（2）主要审查：计量的工程质量是否达到合同要求；计量项目是否符合合同条件。

（3）不齐全并有不妥之处。不妥之处：①应为支付必须以工程量为基础；②应改为支付必须遵循严格的程序；还应增加一条：支付必须以日常记录和合同条款为依据。

3. **答案：**

（1）甲项工程单价 =（30 +20 +100）×（1 +20%）=180（元/m^3）。

预付款金额 =（2 300 ×180 +3 200 ×160）×20% =18.52（万元）。

（2）第一个月：工程价款为 500 ×180 +700 ×160 =20.2（万元），应签发的工程款为：20.2 ×1.2 ×（1 -5%）=23.028（万元），应签发的工程款低于月度付款最低金额 25 万元，故本月不予签发付款凭证。

第二个月：工程价款为 800 ×180 +900 ×160 =28.8（万元），应签发的工程款为 28.8 ×1.2 ×（1 -5%）=32.832（万元），实际签发付款凭证 =23.028 +32.832 =55.86（万元）。

第三个月：工程价款为 800 ×180 +800 ×160 =27.2（万元），应签发的工程款为 27.2 ×1.2 ×（1 -5%）=31.008（万元），应扣预付款 18.52 ÷2 =9.26（万元），应签发的工程款为 31.008 -9.26 =21.748（万元），低于月度付款最低金额 25 万元，故本月不予签发付款凭证。

第四个月：甲项工程累计完成工程量为 2 700m^3，比原估算工程量 2 300m^3 超出 400m^3，已超过估算工程量的 10%，对超出部分的工程量进行调价。

超过估算工程量的部分为 2 700 -2300 ×（1 +10%）=170（m^3），甲项本月工程价款为（600 -170）×180 +170 ×180 ×0.9 =10.494（万元）。

乙项工程累计完成工程量为 3000m^3，比原估算工程量少 200m^3，不超过估算工程量的 10%，其单价不予进行调整。

本月完成工程量价款为 10.494 +600 ×160 =20.094（万元），应签发的工程款为 20.094 ×1.2 ×（1 -5%）=22.907（万元），应扣预付款为 18.52 ÷2 =9.26（万元）。

本月实际签发的付款凭证金额为 21.748 +22.907 -9.26 =35.395（万元）。

考点 5　工程财务管理

一、单项选择题

1. **答案：**A

解析：企业财务通则是在中华人民共和国境内依法设立的具备法人资格的国有及国有控股企业必须遵循的原则和规范，但金融企业除外，其他企业参照执行。

2. **答案：**B

解析：财政部制定了企业会计准则，又称会计标准，是企业会计核算工作的基本规范，适用于设立在中华人民共和国境内的所有企业。

3. **答案：**A

解析：利润是企业在一定期间的经营成果。包括营业利润、投资净收益和营业外收支净额。利润总额 = 主营业务利润 + 其他业务利润 - 管理费用 - 财务费用。

4. **答案：**C

解析：损益表根据“收入 - 费用 = 利润”这一会计等式，将企业根据权责发生制原则确认的某一会计期间的各项收入和费用的发生额进行整理后编制，反映企业在该会计期间的利润形成过程，是一种动态报表。

5. **答案：**A

解析：投资项目资本金是指投资项目总投资中，由投资者认缴的出资额，对投资项目来说属于非债务性资金，项目法人不承担该部分资金的任何利息和债务。

6. **答案：**C

解析：根据出资方的不同，项目资本金分为国家出资、法人出资、个人出资和外商出资。

7. **答案：**C

解析：银行贷款成本的计算公式如下：

$$\text{长期借款成本} = \frac{\text{长期借款利息} \times (1 - \text{所得税税率})}{\text{长期借款总额}(1 - \text{借款筹资费率})} \times 100\%$$
$$= \frac{\text{长期借款年利率} \times (1 - \text{所得税税率})}{(1 - \text{借款筹资费率})} \times 100\%$$

8. **答案：**C

解析：综合资金成本的计算公式：$K_w = \sum_{i=1}^{n} \omega_i K_i$，其中 K_w 为综合资金成本；K_i 为个别资本成本；ω_i 为个别资本占全部资本的权重。

9. **答案：**B

解析：购买股票承担的风险比购买债券高，投资者只有在股票的投资报酬高于债券的利息收入时，才愿意投资于股票。债券利息可在税前扣除，而股息和红利须在税后利润中支付，这样就使股票筹资的资金成本大大高于债券筹资的资金成本。

10. **答案**：C

解析：发行股票筹资的缺点：

（1）资金成本高。

（2）增发普通股须给新股东投票权和控制权，从而降低原有股东的控制权。

（3）上市公司公开发行股票，必须公开披露信息，接受投资者和社会公众的监督。

11. **答案**：C

解析：根据利润的分配顺序，企业发生的年度亏损，在连续 5 年内可以用税前利润进行弥补。

12. **答案**：B

解析：企业所得税的计税依据为应纳税所得额。即企业每一纳税年度的收入总额，减除不征税收入、免税收入、各项扣除以及允许弥补的以前年度亏损后的余额。计算公式为应纳税所得额 - 收入总额 - 不征税收入 - 免税收入 - 各项扣除 - 弥补以前年度亏损。

（1）收入总额是指企业以货币形式和非货币形式从各种来源取得的收入，包括销售货物收入；提供劳务收入；转让财产收入；股息、红利等权益性投资收益；利息收入；租金收入；特许权使用费收入；接受捐赠收入。

（2）收入总额中的下列收入为不征税收入：财政拨款；依法收取并纳入财政管理的行政事业性收费、政府性基金；国务院规定的其他不征税收入。

（3）企业的下列收入为免税收入：国债利息收入；符合条件的居民企业之间的股息、红利等权益性投资收益；在中国境内设立机构、场所的非居民企业从居民企业取得与该机构、场所有实际联系的股息、红利等权益性投资收益；符合条件的非营利组织的收入。

（4）企业实际发生的与取得收入有关的、合理的支出，包括成本、费用、税金、损失和其他支出，准予在计算应纳税所得额时扣除。同时，企业发生的公益性捐赠支出，在年度利润总额 12% 以内的部分，准予在计算应纳税所得额时扣除。

（5）弥补以前年度亏损。根据利润的分配顺序，企业发生的年度亏损，在连续 5 年内可以用税前利润进行弥补。

（6）以下支出为在计算应纳税所得额时，不得扣除的支出：向投资者支付的股息、红利等权益性投资收益款项；企业所得税税款；税收滞纳金；罚金、罚款和被没收财物的损失；允许扣除范围以外的捐赠支出；赞助支出；未经核定的准备金支出；与取得收入无关的其他支出。

13. **答案**：B

解析：无形资产是指企业长期使用但没有实物形态的资产，包括专利权、商标权、著作权、土地使用权、非专利技术、商誉等。

14. **答案**：B

解析：平均年限法（直线法）计算公式：年折旧额 =（原值 - 净残值）/折旧年

限，将已知条件代入计算即可。

15. **答案**：B

解析：成本计划是目标成本的一种表达形式，是建立项目成本管理责任制、开展成本控制和核算的基础，是进行成本控制的主要依据。

16. **答案**：B

解析：在成本控制中，把施工成本的实际值与计划值的差异叫作施工成本偏差。偏差分析方法有三种，即横道图法、表格法、曲线法。

17. **答案**：A

解析：成本计划是在成本预测的基础上，对计划期内项目的成本水平所做的筹划。

18. **答案**：C

解析：成本核算是承包企业对项目建设过程中所发生的各项费用进行归集，统计其实际发生额，并计算项目总成本和单位工程成本的管理工作。成本核算的对象一般是单位工程，成本核算以季度为一个核算期。

19. **答案**：C

解析：按生产费用与工程量关系来划分，工程成本可以划分成固定成本和变动成本。

20. **答案**：A

解析：在项目实施过程中应加强质量成本控制，以保证项目成本目标的实现，质量成本包括控制成本和故障成本。控制成本（预防成本与鉴定成本）与质量水平成正比，故障成本（内部和外部）与质量水平成反比。

二、多项选择题

1. **答案**：BCDE

解析：企业财务通则是在中华人民共和国境内依法设立的具备法人资格的国有及国有控股企业必须遵循的原则和规范，但金融企业除外，其他企业参照执行。

2. **答案**：ABDE

解析：所有者权益是企业投资人对企业净资产的所有权，包括实收资本、资本公积、盈余公积和未分配利润。

3. **答案**：BCD

解析：损益表根据“收入 - 费用 = 利润”这一会计等式，将企业根据权责发生制原则确认的某一会计期间的各项收入和费用的发生额进行整理后编制，反映企业在该会计期间的利润形成过程，是一种动态报表。

4. **答案**：ABC

解析：企业的现金流量一般分为三类，即经营活动产生的现金流量、投资活动产生的现金流量和筹资活动产生的现金流量。

5. **答案**：ACD

解析：投资项目融资资本金筹资和负债筹资方式，资本金筹资方式包括国家预算内投资、自筹资金、发行股票和吸收外资；而负债筹资主要包括银行贷款、发行债券、设备租赁和国外借款。故答案 ACD 正确。

6. **答案**：ABDE

解析：根据出资方的不同，项目资本金分为国家出资、法人出资、个人出资和外商出资。

7. **答案**：ADE

解析：建设项目可通过政府投资、股东直接投资、发行股票、利用外资直接投资等多种方式来筹集资本金。

8. **答案**：ACD

解析：债券筹资的优点有：

（1）支出固定。

（2）企业控制权不变。

（3）少纳所得税。

（4）可以提高自有资金利润率。

债券筹资的缺点有：

（1）固定利息支出会使企业承受一定的风险。特别是企业盈利波动较大时，按期偿还本息较为困难。

（2）发行债券会提高企业负债比率，增加企业风险，降低企业的财务信誉。

（3）债券合约的条款，常常对企业的经营管理有较多的限制，因此，企业发行债券在一定程度上约束了企业从外部筹资的扩展能力。

9. **答案**：ACD

解析：发行股票筹资既有优点，也有缺点。优点是：

（1）以股票筹资是一种有弹性的融资方式。与利息不同，由于股息或红利不需要按期支付，当公司经营不佳或现金短缺时，董事会有权决定不发股息或红利，因而公司融资风险低。

（2）股票无到期日。其投资属永久性投资，公司不需为偿还资金而担心。

（3）发行股票筹集资金可降低公司负债比率，提高公司财务信用，增加公司今后的融资能力。

缺点是：

（1）资金成本高。

（2）增发普通股须给新股东投票权和控制权，从而降低原有股东的控制权。

（3）上市公司公开发行股票，必须公开披露信息，接受投资者和社会公众的监督。

10. **答案**：BCDE

解析：概算总金额包括建筑安装工程费，设备、工具、器具购置份额，工程建筑其他费用，预备费四部分。建安费的税金包括营业税、城市维护建设税、教育费附加，工程建设其他费用中土地征用及拆迁补偿费中包括耕地占用税。

11. **答案**：ABC

解析：建筑工程一切险是承保以土木建筑为主体的工程项目在整个建筑期间因自然灾害或意外事故造成的物质损失以及依法应承担的第三者责任的保险。

12. **答案**：ADE

解析：承包人应以承包人和发包人的共同名义，投保建筑工程一切险、安装工程一切险、第三者责任险，所以，A、D、E 选项正确。承包人应为其施工设备、进场的材料和工程设备等办理保险。承包人应在整个施工期间为其现场机构雇用的全部人员，投保人身意外伤害险，缴纳保险费，并要求其分包人也进行此项保险。所以，B、C 选项是承包人应办理的保险。

13. **答案**：ABD

解析：计提折旧的固定资产范围如下：

（1）房屋及建筑物。不论是否使用，从入账的次月起就应计提折旧。

（2）在用固定资产。指已投入使用的施工机械、运输设备、生产设备、仪器及试验设备等生产性固定资产以及已投入使用的非生产性固定资产。

（3）季节性停用和修理停用的固定资产。

（4）以融资租赁方式租入的固定资产。

（5）以经营租赁方式租出的固定资产。

14. **答案**：CD

解析：加速折旧法也称为快速折旧法或递减折旧法。其特点是：在固定资产有效使用年限的前期多提折旧，后期则少提折旧。从而相对加快折旧的速度，以使固定资产成本在有效使用年限中加快得到补偿。在具体实务中，加速折旧方法又包括年数总和法和双倍余额递减法两种。

15. **答案**：ACDE

解析：施工成本控制的依据包括：工程承包合同、施工成本计划、进度报告、工程变更、施工组织设计、分包合同等。

16. **答案**：BD

解析：施工成本控制的步骤：比较、分析、预测、纠偏、检查。其中分析就是找出偏差产生的原因，是成本控制的核心工作。纠偏是施工成本控制的实质性内容，达到有效控制施工成本的目的。

17. **答案**：AE

解析：施工成本偏差 = 已完工程量 ×（实际单位成本 - 计划单位成本）= 100 ×（300 - 320）= -2 000（元）。成本偏差为正表示施工成本超支，为负表示施工成本节约。进度偏差 = 拟完工程计划施工成本 - 已完工程计划施工成本 = 110 × 320 - 100 × 320 = 3 200（元）。进度偏差为正表示工期拖延，为负表示工期提前。

18. **答案：**ABCD

解析：施工成本管理的措施有组织措施、技术措施、经济措施和合同措施。组织措施是其他各类措施的前提和保障，而且一般不需要增加费用，运用得当可以收到良好的效果。

19. **答案：**CD

解析：由于工程项目成本涉及的范围广，分析的内容多，在不同的情况下应采取不同的分析方法。成本分析中主要有量本利分析法、比较分析法、比率分析法、因素分析法和差额分析法。

三、判断题

1. **答案：**√

解析：企业财务与会计是紧密联系又有区别的概念。企业财务是企业筹集、分配和使用资金的一种日常业务活动，企业会计则是利用价值指标对企业的各种业务活动进行核算和监督的管理活动。可形象地比喻为财务是内容、会计是形式。

2. **答案：**√

解析：资产负债表是根据“资产 = 负债 + 所有者权益”这一会计等式，将日常核算工作中形成的有关账户的期末余额进行整理后编制，反映企业在某一特定日期的资产、负债、所有者权益的余额及其分布情况，是一种静态报表。

3. **答案：**√

解析：项目资本金可以用货币出资，也可以用实物、工业产权、非专利技术、土地使用权、资源开采权作价出资，但除国家对采用高新技术成果有特殊规定外，其比例不得超过项目资本金总额的 20%。

4. **答案：**×

解析：购买股票承担的风险比购买债券高，投资者只有在股票的投资报酬高于债券的利息收入时，才愿意投资于股票。此外，债券利息可在税前扣除，而股息和红利须在税后利润中支付，这样就使股票筹资的资金成本大大高于债券筹资的资金成本。

5. **答案：**√

解析：发行债券可以提高自有资金利润率。但会提高企业负债比率，增加企业风险，降低企业的财务信誉。

6. **答案：**×

解析：我国营业税计税依据为计税营业额。营业税属于价内税。营业税实行差别比例税率，对同一行业实行同一税率，对不同行业实行不同税率。

7. **答案：**×

解析：无形资产是指企业长期使用但没有实物形态的资产，包括专利权、商标权、著作权、土地使用权、非专利技术、商誉等。

8. **答案**：√

解析：无形资产的每期摊销额采用直线法平均计算，没有残值，也没有清理费用。

9. **答案**：×

解析：项目成本的全过程控制中的全过程是指从工程投标报价开始，直至项目竣工结算完成为止，贯穿于项目实施的全过程。

10. **答案**：√

解析：施工成本可分为固定成本和变动成本。固定成本是指不随产品产量增减变动而变动的成本。变动成本是指随产品产量变动而变动的成本，如直接用于产品生产的材料费、燃料费、动力费、计件工资等。从量本利分析的角度来看，寻求降低施工项目成本的途径应该从降低变动成本入手。

考点6　施工合同管理

一、单项选择题

1. **答案**：A

解析：总价合同适用于工程量不太大且能精确计算、工期较短、技术不太复杂、风险不大的项目，因而采用这种合同类型要求建设单位必须准备详细而全面的设计图纸（一般要求施工详图）和各项说明，使承包人能准确计算工程量。

2. **答案**：C

解析：成本加酬金合同指由业主向承包人支付工程项目的实际成本，并按事先约定的某一种方式支付酬金的合同类型。在这类合同中，业主需承担项目实际发生的一切费用，因此也就承担了项目的全部风险，而承包人由于无风险，其报酬往往也较低。

3. **答案**：C

解析：工作的总时差是指在不影响任何一个紧后工作的最迟开始时间的条件下，工作所拥有的最大机动时间。即不影响紧后工作最小的最迟开始时间，本工作应最早开始，再减去本工作的工作时间，即 40 - 28 - 9 = 3（天）。

4. **答案**：A

解析：工作的局部时差是指在不影响其紧后工作的最早可能开始时间的条件下，工作所具有的机动时间。所以，如果某项工作拖延的时间超过其自由时差，则必定影响其紧后工作的最早开始时间。

5. **答案**：C

解析：采用“相邻工序（队组）每段节拍时间累加数列错位相减取大差”法，计算流水步距，即可计算其总工期。具体计算方法为：

B 甲乙：

	2，	5，	8，	10	
（-）		2，	4，	7，	10
	2，	3，	4，	3	

B 乙丙：

	2，	4，	7，	10	
（-）		3，	6，	9，	11
	2，	1，	1，	1	

总工期 T = 4 + 2 + 11 = 17（天）。

6. **答案**：C

解析：《公路工程标准施工招标文件》（2009 年版）中规定：由于监理人未能按合同约定发出指示、指示延误或指示错误而导致承包人费用增加和（或）工期延误的，由发包人承担赔偿责任。我国《标准施工招标文件》中通用合同条款中的索赔就是双向的，既包括承包人向发包人的索赔，也包括发包人向承包人的索赔，不存在承包人与监理工程师或监理人之间的索赔。

7. **答案：**A

解析：《公路工程标准施工招标文件》（2009 年版）中规定：如果发出本工程的变更指令（简称变更令）是因承包人过错、承包人违反合同或承包人责任造成的，则这种违约引起的任何额外费用应由承包人承担。

8. **答案：**A

解析：在紧急情况下，总监理工程师或被授权的监理人员现场签发临时书面变更指示，承包人应遵照执行。承包人应在收到上述临时书面变更指示后 24 小时内，向监理人发出书面确认函。监理人在收到书面确认函后 24 小时内未予答复的，该书面确认函应被视为监理人的正式指示。

9. **答案：**B

解析：承包人使用的施工设备不能满足合同进度计划和（或）质量要求时，监理人有权要求承包人增加或更换施工设备，承包人应及时增加或更换，由此增加的费用和（或）工期延误由承包人承担。

10. **答案：**D

解析：设计变更不一定会发生索赔事件，A 选项错误。索赔事件在持续进行时，承包人应当阶段性向工程师发出索赔意向，在索赔事件终了之后 28 天内，向工程师提供索赔的有关资料和最终索赔报告，B 选项错误。索赔意向通知发出的 28 天内，承包人应向工程提交索赔报告和有关资料，而不是 14 天，C 选项错误。

11. **答案：**A

解析：承包人设备故障属于承包人的责任，不能索赔，图纸延误，属于发包人的责任，可以索赔，特大暴雨不属于异常恶劣气候，不能索赔工期，所以承包人只可获得 1 天的工期补偿（7 月 4 日）。

12. **答案：**C

解析：在施工中出现非承包人原因的窝工现象，若承包人的机械设备可以合理安排施工，则不能索赔窝工费，若不能合理安排施工，可以索赔窝工费，承包人自有机械设备原则上只计算折旧费，租赁机械可以按租赁价扣减燃料计算。

13. **答案：**B

解析：因法律变化导致承包人在合同履行中所需要增加的工程费用或延长工期，总监理工程师应与合同当事人协商，尽量达成一致，没有利润补偿。

二、多项选择题

1. **答案：**ABD

解析：选择合同类型应考虑以下因素：项目规模和工期长短、项目的竞争情况、项目的复杂程度、项目单项工程的明确程度、项目准备时间的长短、项目的外部环境因素。

2. **答案**：ABE

解析：M 工作总时差为 $TF = LS - ES = 9 - 5 = 4$，M 工作局部差为 $11 - 5 - 6 = 0$。时间间隔表示的是本工作最早完成时间与紧后工作最早开始时间的间隔，所以 M 工作与紧后工作时间间隔分别为 0 天和 2 天。

3. **答案**：AC

解析：工作总时差的计算公式为 $TF = LS - ES = LF - EF$。

4. **答案**：ABC

解析：网络图中关键线路是指工作总持续时间最长的线路，其判断方法常用的是总时差最小，所以，A、B 选项正确。任何一个网络计划中至少有一条最长的关键线路，所以，C 选项正确，D 选项错误。当非关键线路延长的时间超过它的总时差，关键线路就转变成为非关键线路，所以，E 选项错误。

5. **答案**：ADE

解析：《公路工程标准施工招标文件》（2009 年版）中规定的变更范围和内容包括：

（1）取消合同中任何一项工作，但被取消的工作不能转由发包人或其他人实施，由于承包人违约造成的情况除外。

（2）改变合同中任何一项工作的质量或其他特性。

（3）改变合同工程的基线、高程、位置或尺寸。

（4）改变合同中任何一项工作的施工时间或改变已批准的施工工艺或顺序。

（5）为完成工程需要追加的额外工作。

所以，A、D、E 选项构成变更。B 选项属于价格调整的范畴，不属于变更。如果工程量的增减是由于实际工程量超过或少于工程量清单中估算的数量而并非监理人指示的结果，则这类增减不需变更指令。所以，C 选项错误。

6. **答案**：BDE

解析：在合同履行过程中，可能发生第 15.1 款约定情形的，监理人可向承包人发出变更意向书。承包人的合理化建议被采纳并构成变更的，应按第 15.3.3 项约定向承包人发出变更指示。没有监理人的变更指示，承包人不得擅自变更。所以，B、D、E 选项正确。

7. **答案**：ABDE

解析：没有监理人的变更指示，承包人不得擅自变更。所以，A、E 选项正确。承包人经监理批准的施工组织设计、进度计划、使用的材料和设备，不能随意更换，如需改变或更换，必须经监理人同意，所以 B 选项正确，C 选项错误。承包人提出的合理化建议降低了合同价格、缩短了工期或者提高了工程经济效益的，发包人可按国家有关规定在专用合同条款中约定给予奖励。所以，D 选项正确。

8. **答案**：AB

解析：监理人收到承包人提交的索赔意向通知书后，认为不构成索赔，可以拒绝承包人的索赔要求，所以，A选项正确。应及时审查承包人的记录和证明材料，所以，A选项正确。C、D、E选项都是承包人提交了索赔通知书后的工作，所以不正确。

9. **答案**：CDE

解析：A、B选项属于承包人能合理预见的风险，不构成索赔。一旦发现化石文物，应按文物行政部门要求采取妥善保护措施，由此导致费用增加和（或）工期延误由发包人承担，所以，C选项正确。D、E选项属于发包人的原因导致，可以索赔工期。

10. **答案**：ABCE

解析：劳动生产率低属于承包人自身原因，不构成索赔。异常恶劣气候可以索赔工期，但没有费用索赔。

11. **答案**：ABCD

解析：在计算索赔费用时，可按照工程量清单中的单价计算工程费用，费率一般采用协商费率或规定和公布的标准费率，如房租、水电、通讯费等可按相关票据计算。所以，A、B、C、D选项正确。承包人提供的资料，只可参考，不能作为计算依据，所以，E选项错误。

12. **答案**：CE

解析：异常恶劣气候只可索赔工期，不能索赔费用，所以，A选项错误。法定的人工费增长属于承包人可以合理预见的风险，不构成索赔，所以，B选项错误。承包人遇到不利物质条件时，承包人因采取合理措施而增加的费用和（或）工期延误，由发包人承担，所以，C选项正确。罢工属于承包人应承担的风险，所以不构成索赔，所以，D选项错误。额外工作属于发包人的责任，可以索赔，所以，E选项正确。

13. **答案**：DE

解析：《公路工程标准施工招标文件》（2009年版）中规定：发包人要求承包人提前竣工，发包人应承担承包人由此增加的费用，并向承包人支付专用合同条款约定的相应奖金，不存在工期索赔，也不补偿利润，所以A选项错误。40年一遇的降雨属于异常恶劣气候的条件导致工期延误的，承包人有权要求发包人延长工期，所以，B选项错误。监理人有权要求承包人增加或更换施工设备，承包人应及时增加或更换，由此增加的费用和（或）工期延误由承包人承担，所以，C选项错误。D、E选项属于发包人的责任，承包人有权要求发包人延长工期和（或）增加费用，并支付合理利润。

三、判断题

1. **答案**：√

解析：招标采用的合同形式按计价方法的不同，一般分为总价合同、单价合同和成本加酬金合同三种主要形式。单价合同的特点是合同的可操作性强，对图纸质量和设计深度的适应范围广，特别是合同执行过程中，便于处理工程变更和施工索赔，合同的公平性更好，承包人的风险责任小，有利于降低投标报价，在国内广泛使用。

2. **答案**：×

解析：绘制劳动力需求曲线时，不仅要求劳动力不均衡系数 K 符合要求，还与曲线形状有关，应避免出现短暂的劳动力高峰与劳动力数量频繁波动。

3. **答案**：×

解析：在网络计划中总时差最小的线路就是关键线路，当计划工期等于计算工期时，关键线路上所有工作的总时差均为零。离开了计划工期等于计算工期这一前提，网络计划中总时差为零的线路是关键线路，这一说法错误。

4. **答案**：×

解析：承包人提出的合理化建议缩短了工期，发包人按合同规定给予提前竣工奖金。承包人提出的合理化建议降低了合同价格或者提高了工程经济效益的，发包人按项目专用合同条款数据表中规定的金额给予奖励。

5. **答案**：×

解析：合同约定总监理工程师应按照 3.5 款对任何事项进行商定或确定时，总监理工程师应与合同当事人协商，尽量达成一致。不能达成一致的，总监理工程师应认真研究后审慎确定。

6. **答案**：×

解析：运入施工场地的所有施工设备以及在施工场地建设的临时设施应专用于合同工程。未经监理人同意，不得将上述施工设备和临时设施中的任何部分运出施工场地或挪作他用。

四、综合分析题

1. **答案**：

（1）监理工程师接到索赔通知后应进行以下主要工作：

①进行调查、取证。

②审查索赔通知书的内容、查验承包人的记录和证明材料。

③审查索赔成立条件，确定索赔是否成立。

④分清责任，认可合理索赔。

⑤与建设单位和施工单位协商追加的付款和延长的工期；若不能达成一致，则由总监理工程师确定追加的付款和延长的工期。

⑥在合同规定的期限内，将索赔处理结果报发包人批准后答复承包人。

⑦签发索赔报告，并报建设单位核备。

（2）不可抗力风险承担责任的原则：

①工程本身的损害由业主承担。

②人员伤亡由其所在单位负责，并承担相应费用。

③施工单位的机械设备损坏及停工损失，由施工单位承担。

④工程所需清理、修复费用，由建设单位承担。

⑤关键工作延误的工期可相应顺延。

（3）按施工单位所提要求逐条处理如下：

①经济损失按上述原则由双方分别承担，关键工作延误的工期应予顺延。

②工程修复、重建 26 万元工程款由建设单位支付。

③2.8 万元的医疗费用和补偿金不予认可，由施工单位承担。

④6 万元的施工机械设备损坏费用、2 万元的停工机械台班损失费用、4.8 万元的人工窝工损失费用不予认可，由施工单位承担。

⑤现场停工 5 天索赔应予以认可，可顺延合同工期 5 天。

⑥清理现场 2.5 万元索赔应认可，由建设单位承担。

2. 答案：

（1）上述三例工期延误的原因分别是：业主拖延交付图纸，业主指定分包人违约，不可抗力导致的自然灾害。

（2）除上述三点之外，导致工期延误索赔的原因还包括：业主拖延交付合格的施工场地，拖延支付工程款；业主未能及时提供合同规定的材料设备，拖延关键线路上工序的验收时间；异常恶劣的现场条件，业主或监理工程师拖延审批施工方案等。

（3）工期索赔的依据主要有施工日志、气象资料、业主或监理工程师的变更指令，合同规定工程总进度计划，对工期的修改文件。如会议纪要、往来信件、受干扰的实际工程进度，影响工期的干扰事件。

（4）应包括延期索赔、工程范围变更索赔、施工加速索赔、不利的现场条件索赔等。

3. 答案：

（1）①事件 1 中挖断煤气管道事故的责任方为建设单位。理由：开工前，建设单位应向施工单位提供完整的施工区域内的地下管线图，其中应包含煤气管道走向埋深位置图。

②项目监理机构批准的工程延期为 7 天。理由：雨期下雨停工 3 天不予批准延期，只批准因抢修导致现场停工 7 天的工期延期。

③项目监理机构批准的费用补偿为 14 000 元。理由：费用补偿 = 7 × 2 000 元 = 14 000元。

（2）根据《建设工程安全生产管理条例》，事件 2 中甲、乙施工单位和监理单位对基坑局部坍塌事故应承担的责任及理由如下：

①甲施工单位和乙施工单位对事故承担连带责任，由乙施工单位承担主要责任。理由：甲施工单位属于总承包单位，乙施工单位属于分包单位，他们对分包工程的安全生产承担连带责任；分包单位不服从管理导致的生产安全事故的，由分包单位承担主要责任。

②监理单位承担监理责任。理由：监理单位应当按照法律法规和工程建设强制性标准实施监理，并对建设工程安全生产承担监理责任。

（3）事件 3 中甲施工单位做法的不妥以及正确的做法：

①不妥之处：甲施工单位凭施工经验，未经安全验算编制高大模板工程专项施工方案。正确做法：应认真编制方案，且有详细的安全验算书。

②不妥之处：专项施工方案经项目经理签字后报总监理工程师审批的同时就开始搭设高大模板。正确做法：专项施工方案经甲施工单位技术负责人、总监理工程师签字后实施。

③不妥之处：施工现场安全生产管理人员由项目总工程师兼任。正确做法：应该由专职安全生产管理人员进行现场监督。

第三部分　模 拟 试 卷

模拟试卷一

一、单项选择题

1. 当对某个投资方案进行分析时，发现参数不确定，而且这些参数变化的可能性也不知道，只知其变化的范围时，我们可采用的分析方法是（　　）。

A. 盈亏平衡分析　　B. 敏感性分析

C. 概率分析　　D. 不确定性分析

2. 价值工程的主要特征着眼于提高价值，即以（　　）实现必要的功能。

A. 产品的合理成本　　B. 产品的最低成本

C. 产品的研制、生产费用　　D. 最低的寿命周期费用

3. 现金流量图是一种反映经济系统资金运动状态的图式，运用现金流量图可以全面、形象、直观的表示现金流量的三要素。以下不属于现金流量要素的是（　　）。

A. 资金价值　　B. 资金数额

C. 资金流向　　D. 资金发生时间点

4. 以下属于编制施工图预算的依据是（　　）。

A. 概算定额　　B. 标准图纸

C. 施工定额　　D. 国家政策法规

5. 在工程建设定额体系中，（　　）是基础性定额。

A. 施工定额　　B. 预算定额

C. 机械台班费用定额　　D. 概算定额

6. 某单位合格产品的材料净用量为527kg，场外运输损耗率为6%，场内运输损耗率为3%，施工操作损耗率为2%，该产品的定额材料消耗量为（　　）kg。

A. 538　　B. 543

C. 553　　D. 559

7. 我国公路项目现行建筑安装工程费用中，按规定税金的计税基数为（　　）。

A. 计划利润　　B. 直接工程费 + 间接费 + 利润

C. 营业额　　D. 直接费 + 间接费 + 利润

8. 公开招标与邀请招标在招标程序上的主要差异表现为（　　）。

A. 是否进行资格预审　　B. 是否组织现场考察

C. 是否解答投标单位的质疑　　D. 是否公开开标

9. 招标人对已发出的招标文件进行必要的澄清或者修改，应当在招标文件要求提交投标文件截止时间至少（　　）日前发出。

A. 10　　B. 15

C. 20　　D. 30

10. 招标人对投标人投标报价的评审应以（　　）为基准。

A. 评标价　　B. 市场价

C. 标底　　D. 所有投标报价的平均值

11. 任何一个项目的投标报价编制都是一个系统工程，必须遵循一定的程序。在研究招标文件后，接下来要进行（　　）。

A. 调查投标环境　　B. 确定投标策略

C. 办理资格审查　　D. 进行标价计算

12. 某承包人在工程基坑开挖时没有按设计高程施工，导致基坑开挖超深 1.5m，监理工程师发现后要求用片石混凝土回填至设计高程，则多做的开挖和回填工程量在工程价款的计量支付时应（　　）。

A. 均予以计量　　B. 均不予计量

C. 只计开挖工程量　　D. 只计回填工程量

13. 某工程专用合同条款约定，质量保证金的扣留比例为进度付款的5%。某个支付周期，承包人完成的永久性工程款为2 000 万元，工程变更款为200 万元，费用索赔款为100 万元，价格调整金额为200 万元，业主应扣回的开工预付款为200 万元，业主应支付的材料预付款为400 万元，则本支付周期应扣留的质量保证金是（　　）万元。

A. 100　　B. 125

C. 115　　D. 135

14. 工程项目财务状况一般通过资产负债表反映，不属于反映财务状况的会计要素是（　　）。

A. 所有者权益　　B. 资产

C. 负债　　D. 利润

15. 在施工成本控制的步骤中，（　　）是施工成本控制工作的核心，（　　）是施工成本控制中最具实质性的一步。

A. 比较、纠偏　　B. 分析、纠偏

C. 纠偏、比较　　D. 纠偏、分析

16. 某固定资产原值10 000 元，净残值800 元，预计使用4 年，若采用双倍余额递减法提取折旧，第二年应提取的折旧额为（　　）元。

A. 4 800　　B. 2 400

C. 5 000　　D. 2 500

17. 某高速公路公司向银行贷款3000 万元，筹资费费率为1%，贷款年利息率为6.03%，所得税税率为33%，其资金成本为（　　）。

A. 6.09%　　B. 5.97%

C. 4.08%　　D. 4.00%

18. 在工程网络计划执行过程中，当某项工作的总时差刚好被全部利用时，则不会影响

（　　）。

A. 其紧后工作的最早开始时间　　B. 其后续工作的最早开始时间

C. 其紧后工作的最迟开始时间　　D. 本工作的最早完成时间

19. 工程索赔计算时最常用的一种方法是（　　）。

A. 总费用法　　B. 修正的总费用法

C. 实际费用法　　D. 协商法

20. 下列原因中，不允许窝工费用索赔的是（　　）。

A. 异常恶劣的气候造成的停工　　B. 施工图纸未及时供应

C. 工程变更　　D. 业主方原因要求暂停施工

二、多项选择题

1. 不确定性分析包括（　　）。

A. 盈亏平衡分析　　B. 敏感性分析

C. 现金流量分析　　D. 价值工程分析

E. 概率分析

2. 对 IRR 的定性描述，正确的是（　　）。

A. IRR 是项目初期投资的收益率

B. IRR 是投资方案占用的尚未回收资金的获利能力

C. IRR 取决于项目外部

D. IRR 既受项目初期投资影响，又受各年净效益大小影响

E. IRR 是项目对贷款利率最大承担能力

3. 下列各项中属于从功能重要程度角度分类的是（　　）。

A. 基本功能　　B. 辅助功能

C. 使用功能　　D. 美学功能

E. 必要功能

4. 编制公路工程概预算文件，在编制总概（预）算表（01 表）之前，必须先完成的表格是（　　）。

A. 人工、主要材料、机械台班数量汇总表（02 表）

B. 建筑安装工程费计算表（03 表）

C. 设备、工具、器具购置费计算表（05 表）

D. 工程建设其他费用及回收金额计算表（06 表）

E. 人工、材料、机械台班单价汇总表（07 表）

5. 我国现行建筑安装工程费用中，应计入企业管理费的项目有（　　）。

A. 财务费　　B. 工会经费

C. 脚手架费　　D. 劳动保险费

E. 工程排污费

6. 建设项目竣工财务决算表中，属于“资金来源”的有（　　）。

A. 专项建设基金拨款
B. 项目资本公积金
C. 有价证券
D. 待冲基建支出
E. 未交税金

7. 投标人须知是招标人向投标人传递基础信息的文件，包括（　　）等关键的信息。

A. 招标内容
B. 报价的原则
C. 工程概况
D. 施工的方式
E. 招标文件的组成

8. 在公路工程招投标中，关于联合体投标，以下说法正确的是（　　）。

A. 联合体在投标、签约与履行合同过程中，由联合体牵头人承担法律责任
B. 由同一专业的单位组成的联合体，按照资质等级较高的单位确定资质等级
C. 联合体各方不得再以自己名义单独或参加其他联合体在同一标段中投标
D. 联合体所有成员数量不得超过招标人规定的数量
E. 联合体牵头人所承担的工程量必须超过总工程量的50%

9. 投标人在采用不平衡投标报价时，在报价总价不变的情况下，适当提高（　　）项目的单价是有利的。

A. 工程后期才能结账收款的
B. 能够早日结账收款的
C. 预计今后工程量会增加的
D. 没有工程量，只填单价的项目
E. 工程内容说不清楚的

10. 下列属于其他工程费的项目为（　　）。

A. 夜间施工增加费
B. 施工辅助费
C. 混凝土拌和、养生的水费
D. 雨季施工增加费
E. 租用脚手架的费用

11. 以下（　　）属于机械台班单价组成内容。

A. 折旧费
B. 台班租赁费
C. 经常修理费
D. 安装拆卸费
E. 施工机械进出场费

12. 开工预付款的付款条件有（　　）。

A. 提供了支付担保
B. 提供了履约担保
C. 签订合同协议书
D. 提供动员预付款担保
E. 提供了投标担保

13. 工程支付的依据（　　）。

A. 工程计量
B. 技术规范
C. 施工组织
D. 日常记录
E. 合同条款

14. 债券与股票相比，具有（　　）优点。

A. 支出固定
B. 企业控制权不变
C. 少纳所得税
D. 提高自有资金利润率
E. 融资风险低

15. 建设工程项目施工成本计划的编制依据有（　　）。

A. 建设投资估算书
B. 投标报价文件
C. 施工组织设计或施工方案
D. 施工成本预测资料
E. 施工招标公告

16.《企业财务通则》是企业财务体系中最基本、最高层次的法规，是（　　）应遵循的原则和规范。

A. 国有金融企业
B. 国有企业
C. 国有控股企业
D. 民营金融企业
E. 外资企业

17. 利润表是反映企业在一定会计期间经营成果的财务报表，通常利润表主要反映构成（　　）的各项要素。

A. 净利润（或净亏损）
B. 其他业务利润
C. 营业利润
D. 利润总额（或亏损总额）
E. 主营业务利润

18. 在施工过程中，允许承包人既可索赔工期又可索赔费用的原因有（　　）。

A. 异常恶劣气候造成停工
B. 业主采购的材料未及时供应
C. 施工图纸未及时提供
D. 承包人采购的材料未及时供应
E. 施工现场发现文物

19. 工程网络计划的计算工期等于（　　）。

A. 单代号网络计划中终点节点所代表的最早完成时间
B. 单代号网络计划中终点节点所代表的最迟完成时间
C. 双代号网络计划中结束工作最早完成时间的最大值
D. 双代号网络计划中结束工作最迟完成时间的最大值
E. 时标网络计划中最后一项关键工作的最早完成时间

20. 以下关于工程变更叙述中正确的有（　　）。

A. 在业主和承包人未能就工程变更的费用、工期、质量等方面达成协议时，项目监理机构应提出一个暂定的价格，以便于支付进度款
B. 工程变更在总监理工程师签发工程变更指令之前，承包人可以实施
C. 工程变更在总监理工程师签发工程变更指令之前，承包人不可以实施
D. 未经总监理工程师审查同意的工程变更，项目监理机构不得予以计量
E. 未经总监理工程师审查同意的工程变更，项目监理机构可以直接计量

三、判断题

1. 建设项目各年的净现金流量大于零时，表示未来的净收益不能将投资全部收回，项目亏损。 ( )

2. 公路工程概、预算定额中混凝土构件的计量单位“$10m^3$ 实体”不包括空心部分的体积。 ( )

3. 为了满足竣工验收和竣工决算的需要，应绘制能反映竣工工程全部内容的工程设计图。 ( )

4. 施工单位自行开采、采集、加工的材料，其料场单价按预算定额中开采单价加辅助生产间接费和矿产资源税（如有）计算，辅助生产间接费以开采单价为基数计算。 ( )

5. 在确定中标人前，招标人不得与投标人就投标价格、投标方案等实质性内容进行谈判。 ( )

6. 施工单位未能遵照监理人的指示对有缺陷的工程进行修复，则建设单位可以雇佣他人来完成有关工作，费用可从质量保证金中支出。 ( )

7. 偏差分析方法中的表格法具有灵活、适用性强、信息量大、可以电算、提高速度的特点。 ( )

8. 项目资本金形式，可以是现金、实物、无形资产，但无形资产的比重要符合国家有关规定。 ( )

9. 当业主提出变更要求时，施工单位必须无条件执行。 ( )

10. 合同解除并不影响任何一方在合同解除前发生的任何违约应承担的责任。 ( )

四、综合分析题

1. 某桥梁工程设计为预应力混凝土箱型梁，主梁采用预制安装施工（方案一）时，预制场地处理及预制梁底座的费用为 160 万元，预制场地的吊装设备租赁及使用费用为 35 万元/月；采用移动模架现浇（方案二）时，移动模架购置及地基处理费用为 200 万元，移动模架使用费用为 25 万元/月。两方案的直接工程费相关数据见下表。

项　　目	方　案　一	方　案　二
材料费（元/m^3）	700	700
人工消耗（工日/m^3）	1.80	1.00
机械台班消耗（台班/m^3）	0.13	0.375
工日单价（元/工日）	100	100
台班费（元/台班）	800	800

问题：（计算结果保留两位小数）

（1）方案一和方案二每 1 000m^3 工程量的直接工程费分别为多少？

（2）当工期为 12 个月时，试分析两方案适用的工程量范围？

（3）若本工程的工程量为 9 000m^3，合同工期为 10 个月，计算确定应采用那个方案？若方案二可缩短工期 10%，应采用哪个方案？

2. 某实施监理的工程，招标文件中工程量清单标明的混凝土工程量为 2 400m^3，投标文件综合单价分析表显示：人工单价 100 元/工日，人工消耗量 0.40 工日/m^3；材料费单价 275 元/m^3；机械台班单价 1 200 元/台班，机械台班消耗量 0.025 台班/m^3。采用建筑安装工程费的单价签订工程合同。其中，其他工程费的综合费率Ⅰ为 5%，其他工程费的综合费率Ⅱ为 0，规费费率为 40%，企业管理费费率为 8%，利润率为 5%，综合税率为 3.41%。施工合同约定，实际工程量超过清单工程量 15% 时，混凝土全费用综合单价调整为 420 元/m^3。施工过程中发生以下事件：

事件 1：基础混凝土浇筑时局部漏振，造成混凝土质量缺陷，专业监理工程师发现后要求施工单位返工。施工单位拆除存在质量缺陷的混凝土 60m^3，发生拆除费用 3 万元，并重新进行了浇筑。

事件 2：主体结构施工时，建设单位提出改变使用功能，使该工程混凝土量增加到 2 600m^3。施工单位收到变更后的设计图样时，变更部位已按原设计浇筑完成的 150m^3 混凝土需要拆除，发生拆除费用 5.3 万元。

问题：

（1）计算混凝土工程的签约合同单价。

（2）事件 1 中，拆除混凝土发生的费用是否应计入工程价款？说明理由。

（3）事件 2 中，该工程混凝土工程量增加到 2 600m^3，对应的工程结算价款是多少万元？

（4）事件 2 中，拆除混凝土发生的费用是否应计入工程价款？说明理由。

（5）计入结算的混凝土工程量是多少？混凝土工程的实际结算价款是多少万元？（计算结果保留两位小数）

模拟试卷二

一、单项选择题

1. 价值工程中的总成本指（　　）。

A. 产品的寿命周期成本　　B. 产品的总成本

C. 产品的生产成本　　D. 产品的预测成本

2. 某投资项目的总投资是2 500万元，投产后年经营成本为600万元，年销售额为1 900万元，第三年该项目配套追加投资1 500万元。若计算期为5年，基准收益率为10%，残值为500万元，则该投资项目的净现值为（　　）万元。

A. 1 801　　B. 2 023

C. 1 238　　D. 1 612

3. 甲、乙、丙、丁四种评价对象的功能价值指数分别是0.909、0.832、1.089、0.921，应作为价值工程优先改进对象的是（　　）。

A. 丙　　B. 丁

C. 甲　　D. 乙

4. 工程造价计价依据，就是用以计算工程造价的各类（　　）的总称。

A. 定额资料　　B. 取费规定

C. 技术资料　　D. 基础资料

5. 在编制公路工程概（预）算计算计价工程量时，利用方数量按（　　）计算。

A. 设计断面松方体积　　B. 设计断面压实体积

C. 设计断面天然密实体积　　D. 设计断面混合体积

6. 工程排污费属于（　　）。

A. 规费　　B. 其他工程费

C. 企业管理费　　D. 施工措施费

7. 某工程直接费为180万元，间接费为30万元，利润为10万元，税率为3%，则该工程的税金为（　　）万元。

A. 6.6　　B. 5.4

C. 6.3　　D. 5.7

8. 根据《工程建设项目招标范围和规模标准规定》，属于工程建设项目招标范围的工程建设项目，重要设备、材料等货物的采购，单项合同估算价在（　　）人民币以上的，必须进行招标。

A. 50万元　　B. 100万元

C. 150万元　　D. 200万元

9. 投标人不按招标文件要求提交投标保证金的，（ ）。

A. 投标文件将被拒绝，作废标处理　　B. 在评标时予以降分处理

C. 要求投标人补交投标保证金　　D. 视当时情况而定

10. 工程投标报价编制中制定施工方案和进度计划的前一个程序是（ ）。

A. 调查研究　　B. 参加标前会议

C. 核算工程量　　D. 分包工程询价

11. 某公路工程项目招标，在评标阶段，投标人的评标价格可以是（ ）。

A. 工程量清单中的投标报价－暂估价－暂列金额（不含计日工总额）

B. 工程量清单中的投标报价－暂估价－暂列金额

C. 投标函的文字报价

D. 投标函的文字报价－暂估价－暂列金额

12. 我国建筑安装工程价款最常用的结算方式是（ ）。

A. 竣工后一次结算　　B. 分段结算

C. 逐项结算　　D. 按月结算

13. 监理工程师对承包人超出设计图纸要求增加的工程量和自身原因造成返工的工程量（ ）。

A. 应当予以计量　　B. 不予计量

C. 按比例予以计量　　D. 不能确定

14. 假定其他因素不变，通过依次替换，逐个考察因素的变化对成本的影响程度，这种成本分析方法是（ ）。

A. 因素分析法　　B. 比较法

C. 差额计算法　　D. 比率法

15. 某固定资产原值 10 000 元，净残值 800 元，预计使用 4 年，若采用双倍余额递减法提取折旧，第三年应提取的折旧额为（ ）元。

A. 1 200　　B. 1 000

C. 850　　D. 1 250

16. 建筑业企业适用营业税是因为其承包工程的行为属于（ ）。

A. 销售货物　　B. 消费工程材料

C. 转让无形资产　　D. 提供应税劳务

17. 某高速公路公司发行普通股正常市价计算为 3 000 万元，筹资费费率为 3%，第一年股息利率为 10%，以后每年增长 3%，其资金成本为（ ）。

A. 10%　　B. 12.70%

C. 13.31%　　D. 16%

18. 当计划工期等于计算工期时，（ ）的工作就是关键工作。

A. 自由时差为零　　B. 总时差为零

C. 持续时间为零　　D. 总时差等于自由时差

19. 由于设计变更，监理工程师在审核承包人提出的变更价款是否合理时，（　　）是确定的基础。

A. 类似于变更工程的合同价格　　B. 施工定额基价

C. 设计单位提出的变更价格　　D. 业主提出的变更价格

20. 材料费的索赔不包括（　　）。

A. 由于索赔事项材料实际用量超过计划用量而增加的材料费

B. 由于客观原因材料价格大幅度上涨

C. 由于承包人疏忽，造成材料损坏失效

D. 由于非承包人责任工程延期导致的材料价格上涨和超期储存费用

二、多项选择题

1. 下列有关盈亏平衡分析的说法中，正确的有（　　）。

A. 根据生产成本和销售收入与产销量之间是否为线性关系，盈亏平衡分析可分为线性盈亏平衡分析和非线性盈亏平衡分析

B. 当企业在小于盈亏平衡点的产量下组织生产时，企业盈利

C. 全部成本可以划分成固定成本和变动成本，借款利息应视为变动成本

D. 一般来讲，盈亏平衡分析只适用于项目的财务评价

E. 盈亏平衡分析不能揭示产生项目风险的根源

2. 下列有关名义利率和实际利率的叙述，正确的有（　　）。

A. 名义利率和实际利率适用于任何情况

B. 名义利率与实际利率的区别在于是否考虑了前面各期利息的再生因素

C. 通常所说的年利率指的是名义利率

D. 有效利率是指名义利率

E. 工程经济分析中，如果各方案计息期不同，必须换算成实际利率进行评价

3. 寿命期相同的互斥方案比选方法一般包括（　　）。

A. 净现值法　　B. 净现值率法

C. 差额内部收益率法　　D. 内部收益率法

E. 最小费用法

4. 定额按使用要求分类可分为（　　）。

A. 施工定额　　B. 预算定额

C. 材料定额　　D. 估算指标

E. 机械定额

5. 竣工决算是建设工程经济效益的全面反映，包括（　　）。

A. 工程造价比较分析　　B. 竣工财务决算报表

C. 竣工工程平面示意图　　D. 施工方案技术经济分析

E. 竣工财务决算说明书

6. 下列费用中，属于建安工程其他工程费的有（　　）。

A. 现场材料二次搬运费　　B. 混凝土添加剂费

C. 场地清理费　　D. 冬季施工增加费

E. 临时设施费

7. 施工招标阶段，招标人发给投标人的下列书面文件中，构成对招标人和投标人有约束力的招标文件组成部分的是（　　）。

A. 投标须知　　B. 资格预审表

C. 合同专用条款　　D. 对投标人书面有质疑的解答

E. 投标参考资料

8. 在计算材料预算单价时，材料的采购及保管费的计算基数包括（　　）。

A. 材料原价　　B. 运费及装卸费

C. 场外运输损耗费　　D. 场内运输损耗费

E. 路桥通行费

9. 关于投标人投标报价编制的说法，正确的有（　　）。

A. 投标报价应以投标人的企业定额为依据

B. 投标报价应根据投标人的投标战略确定，必要的时候可以低于成本

C. 投标中若发现清单中的项目特征与设计图纸不符，应以项目特征为准

D. 招标文件中要求投标人承担的风险费用，投标人应在综合单价中予以考虑

E. 投标人可以根据项目的复杂程度调整招标人清单中的暂列金额的大小

10. 在工程竣工决算的实际工作中，工程造价比较分析应分析以下（　　）内容。

A. 主要实物工程量　　B. 采取的施工方案和措施

C. 考核建筑及安装工程费等执行情况　　D. 主要设备材料的价格

E. 主要人工消耗量

11. 公路工程中的间接费由下列（　　）组成。

A. 临时设施费　　B. 财务费用

C. 企业管理费　　D. 现场管理费

E. 规费

12. 工程计量以（　　）依据进行。

A. 质量合格证书　　B. 清单说明和技术规范

C. 设计图纸　　D. 测量数据

E. 试验数据

13. 根据施工合同条件，承包人应在每个付款周期末向监理人提供进度付款申请单，该进度付款申请单涉及的款项有（　　）。

A. 已实施的永久工程的价值

B. 临时工程、计日工

C. 法规变更引起的价格调整

D. 施工缺陷修补费用

E. 按标书附录中注明的设备和材料发票价值的某一百分比

14. 运用（　　），可以分析各个因素对成本的影响程度。

A. 比重分析法　　B. 比较法

C. 因素分析法　　D. 比率法

E. 差额计算法

15. 发行股票筹资的优点包括（　　）。

A. 是一种有弹性的融资方式　　B. 无到期日

C. 可提高项目的负债比率　　D. 资金成本高

E. 支出固定

16. 我国财务制度规定，下列项目中，应计提固定资产折旧的有（　　）。

A. 以经营租赁方式租入的固定资产　　B. 以融资租赁方式租入的固定资产

C. 未使用的房屋　　D. 季节性使用的固定资产

E. 不需要的机器设备

17. 施工项目的成本计划按其作用可分为（　　）。

A. 单位工程成本计划　　B. 分部分项工程成本计划

C. 竞争性成本计划　　D. 指导性成本计划

E. 实施性成本计划

18. 工程费用索赔中的人工费包括（　　）。

A. 由于承包人的原因导致的返工费用

B. 完成合同之外的额外工作所花费的人工费用

C. 雨季施工工效降低所增加的人工费用

D. 冬季施工工效降低所增加的人工费用

E. 法定人工费增长以及非承包人责任工程延期导致的人工窝工费和工资上涨费等

19. 在下列有关网络计划的叙述中，正确的提法有（　　）。

A. 在时标网络计划中，除有实箭线外，还可能有虚箭线和波形线

B. 单代号网络计划中不存在虚拟工作

C. 在单、双代号网络计划中均可能有虚箭线

D. 在双代号网络计划中，一般存在实箭线和虚箭线两种箭线

E. 在双代号网络计划中，一般不存在虚箭线

20. 监理工程师对承包人的索赔审查包括（　　）。

A. 审查索赔证据　　B. 审查工期顺延要求

C. 审查费用索赔要求　　D. 审查承包人的记录

E. 审查是否满足业主的要求

三、判断题

1. 能够度量项目风险大小的不确定性分析方法是盈亏平衡分析和概率分析。（ ）

2. 价值工程是研究如何以最少的人力、物力、财力和时间获得最大的使用价值的技术经济分析方法。（ ）

3. 施工单位在实际施工时采用的混凝土配合比，必须与公路工程预算定额中的混凝土配合比一致。（ ）

4. 在编制公路工程施工图预算时，运输损耗费、仓储损耗费和包装材料费均构成预算价格的组成内容。（ ）

5. 概、预算定额就是以分项工程为对象，统一规定完成一定计量单位分项工程所需的人工、材料、机械台班消耗数量。（ ）

6. 投标人在投标时未填写某工程子目单价，在施工过程中发生了该项目，应由监理人会同业主及承包人协商确定单价及支付的费用。（ ）

7. 成本控制中的“三同步”是指统计核算、业务核算、会计核算三者应该同步。（ ）

8. 成本加酬金合同缺点是业主对工程总造价不易控制，承包方也往往不注意降低项目成本。（ ）

9. 在组织流水施工时，确定流水节拍时与总工期有关，而与工作面无关。（ ）

10. 发包人要求承包人提前竣工，发包人应承担承包人由此增加的费用，并向承包人支付合理的利润。（ ）

四、综合分析题

1. 某高速公路工程的施工，业主通过公开招标方式选定了承包人。签订合同时，业主为了约束承包人能保证工程质量，要求承包人支付了20万元定金。业主与承包人双方在施工合同中对工程预付款、工程质量、工程价款、工期和违约责任等都做了具体约定。施工合同履行时，在基础工程施工中碰到地下有大量文物，使整个工程停工10天；主体工程施工中由于施工机械出现故障，使进度计划中关键线路上的部分工作停工15天。两次停工承包人都及时向监理工程师提出了工期索赔申请，并提供了施工记录。

问题：

（1）招标时对承包人的资质审查的内容有哪些？

（2）定金与预付款有什么区别？

（3）监理工程师判定承包人索赔成立的条件是什么？

（4）监理工程师对两次索赔申请应如何处理？

2. 某高速公路建设项目，业主与施工单位签订了工程施工合同，工程未进行投保。在工程施工过程中，遭受特大暴风雨和洪水不可抗力袭击，使工程遭受到大损失，施工单位及时向监理工程师提出索赔要求，并附有与索赔有关的资料和证据。索赔报告的基本内容如下：

（1）遭特大暴风雨和洪水袭击属不可抗力，是因非施工单位原因造成的损失，故应由业主承担赔偿责任。

（2）已建部分工程破坏损失22万元，其修复费用应由业主承担，施工单位不承担修复的经济责任。

（3）施工单位人员因此灾害数人受伤，处理伤病医疗费用和补偿金总计2.5万元，业主应给予赔偿。

（4）施工单位进场的正在使用的机械、设备受到损坏，造成损失6万元，由于现场停工造成台班费损失3万元，业主应负担赔偿和修复的经济责任。工人窝工费3万元，业主应予以支付。

（5）因特大暴风雨和洪水造成工地停工10天，要求合同工期顺延10天。

（6）由于工程破坏，现场清理需费用2万元，业主应予支付。

问题：

（1）监理工程师接到施工单位提交的索赔申请后，应进行哪些工作？

（2）不可抗力发生风险承担的原则是什么？

（3）对施工单位提出的要求如何处理？（请逐条回答）

模拟试卷三

一、单项选择题

1. 投资项目敏感性分析是通过分析来确定评价指标对主要不确定性因素的敏感程度和(　　)。

A. 项目的盈利能力　　B. 项目对其变化的承受能力

C. 项目风险的概率　　D. 项目的偿债能力

2. 某建设单位拟向银行贷款订购设备，有两家银行可供选择，甲银行年利率10%，计息期1年，乙银行年利率10%，计息期0.5年，按复利计息，因此，建设单位的结论是(　　)。

A. 甲银行年实际利率高于乙银行实际利率

B. 乙银行实际利率高于甲银行年实际利率

C. 两家银行的年实际利率完全相

D. 两家银行的年实际利率相同但偿还利息次数不同

3. 某公路工程建设项目，当折现率 $i_1=10\%$ 时，财务的净现值（FNPV）=200万元，当折现率 $i_2=12\%$ 时，FNPV=－100万元，按内插公式法可求得其财务的内部收益率为(　　)。

A. 12%　　B. 10%

C. 11.33%　　D. 11.67%

4. 当人工时间定额为4时，则相应的产量定额为(　　)。

A. 4　　B. 1

C. 0.25　　D. 与时间定额无关

5. 编制公路工程施工图预算时，对于周转性材料如确因施工安排达不到规定的周转次数时，可根据具体情况进行抽换并按规定计算回收，主要是指(　　)。

A. 就地浇筑钢筋混凝土梁、板桥上部构造用的支架及拱圈用的拱盔、支架

B. 模板（木模或组合钢模）

C. 定型钢模板

D. 隧道临时支撑

6. 作为竣工验收报告的重要组成部分，在所有工程项目竣工后，由建设单位按照国家有关规定在工程项目竣工验收阶段编制的反映建设项目实际造价和投资效果的文件是(　　)。

A. 施工预算　　B. 施工图预算

C. 竣工结算　　D. 竣工决算

7. 关于新增无形资产价值的确定与计价，下列说法中正确的是（　　）。

A. 企业接受捐赠的无形资产，按开发中的实际支出计价

B. 专利权转让价格按成本估价进行

C. 自创非专利技术在自创过程中发生的费用按当期费用处理

D. 行政划拨的土地使用权作为无形资产核算

8. 某工程人工费为100万元，材料费为500万元，施工机械使用费为300万元，其他工程费为50万元，规费的费用为40%，企业管理费的费率为5%，则该工程的企业管理费为（　　）万元。

A. 47.5　　B. 49.5

C. 45　　D. 48.5

9. 公路工程施工招标中，（　　）方式更有助于开展竞争，使招标单位有较大的选择范围。

A. 公开招标　　B. 邀请议标

C. 邀请招标　　D. 指定承包

10. 投标人少于（　　）人的，招标人应当依照有关规定重新投标。

A. 3　　B. 4

C. 5　　D. 10

11. 公路工程施工合同文件中，下列内容中（　　）具有最高的解释效力。

A. 中标通知书　　B. 合同协议书

C. 合同通用条款　　D. 合同专用条款

12. 某公路工程项目招标，在评标阶段，评标基准价可以是（　　）。

A. 投标人报价的平均值

B. 招标控制价

C. 评标价的平均值下浮一个百分数

D. 标底

13. 某独立土方工程，招标文件中估计工程量为100万m^3，合同中规定：土方工程单价为5元/m^3，当实际工程量超过估计工程量15%时调整单价，单价调为4元/m^3。工程结束时实际完成土方工程量为130万m^3，则土方工程款为（　　）万元。

A. 635　　B. 650

C. 520　　D. 620

14. 按现行成本核算办法规定，项目成本核算以（　　）为成本计算期。

A. 年　　B. 日

C. 季　　D. 项目合同工期

15. 某固定资产原值20 000元，净残值2 000元，预计使用5年，若采用年数总和法提取折旧，第二年应提取的折旧额为（　　）元。

A. 6 000　　B. 3 600

C. 2 400　　D. 4 800

16. 下列资金成本中，属于筹资阶段发生且具有一次性特征的是（　　）。

A. 债券发行手续费　　B. 债券利息

C. 股息和红利　　D. 银行贷款利息

17. 下列工作肯定在关键线路上的是（　　）。

A. 自由时差为零　　B. 总时差为零

C. 持续时间为零　　D. 以上三者均为零

18. 索赔是指在合同的实施过程中，（　　）因对方不履行或未能完全履行合同所规定的义务而受到损失，向对方提出赔偿要求。

A. 业主　　B. 承包人

C. 合同中任何一方　　D. 第三方

19. 为减少因设计变更造成的损失，必须加强对设计变更的管理，尽可能把设计变更控制在（　　）。

A. 采购阶段　　B. 施工阶段

C. 使用阶段　　D. 设计阶段

20. 在下列索赔事件中，承包人不能提出费用索赔的是（　　）。

A. 异常恶劣天气导致施工中断，工期延误

B. 业主要求加速施工导致工程成本增加

C. 由于业主和工程师原因造成施工中断

D. 设计中某些工程内容错误导致工期延误

二、多项选择题

1. 下列对于盈亏平衡分析的理解，正确的是（　　）。

A. 盈亏平衡点越高，项目抗风险能力越强

B. 盈亏平衡分析不仅能度量项目风险大小，而且能揭示产生风险的根源

C. 盈亏平衡分析可分为单因素盈亏平衡分析和多因素盈亏平衡分析

D. 生产量等于销售量是线性盈亏平衡分析的前提条件

E. 盈亏平衡点的表达不是唯一的

2. 下列关于净现值的论述，正确的有（　　）。

A. 净现值是投资项目各年净现金流量之和

B. 净现值非负时，说明该项目没有亏损

C. 基准收益率水平越高，净现值越低

D. 两方案比选时，净现值越大的方案越优

E. 净现值越大的方案，其投资回收期越短

3. 价值工程创新阶段的工作步骤包括为（　　）。

A. 对象选择　　B. 方案创新
C. 成果鉴定　　D. 提案编写
E. 方案评价

4. 某高速公路路面基层设计为30cm厚的水泥稳定碎石，套用路面基层定额编制施工图预算时，需要加倍的施工机械是（　　）。
A. 稳定土拌和机　　B. 平地机
C. 压路机　　D. 洒水汽车
E. 自卸汽车

5. 下列（　　）应列入生产工人人工费内。
A. 生产工人探亲期间的工资　　B. 生产工人福利费
C. 生产工人的退休工资　　D. 生产工人劳动保护费
E. 生产工人学习培训期间的工资

6. 下列费用中，属于直接工程费中材料费的有（　　）。
A. 周转性材料摊销
B. 构成工程实体的材料费
C. 对建筑材料进行一般性鉴定检查支出的费用
D. 搭建临时建筑物消耗的材料费
E. 机械设备的辅助材料费

7. 在公路工程招投标中，招标文件的组成包括（　　）。
A. 投标邀请书　　B. 投标人须知
C. 评标办法　　D. 合同条款及格式
E. 评标委员会组成

8. 投标文件应当包括的内容有（　　）。
A. 施工组织设计　　B. 法定代表人身份证明
C. 项目管理机构　　D. 已标价工程量清单
E. 投标须知

9. 属于建筑安装工程施工机械使用费中不变费用的有（　　）。
A. 大修理费　　B. 经常修理费
C. 折旧费　　D. 辅助设施费
E. 进出场及安拆费

10. 确定新增固定资产价值的作用有（　　）。
A. 如实反映企业固定资产价值的增减变化，保证核算的统一性
B. 真实反映企业固定资产的占用额
C. 真实反映企业流动资产的占用额
D. 反映一定范围内固定资产再生产的规模与速度
E. 分析国民经济各部门的技术构成变化及相互间适应的情况

11. 工程费用支付包括清单支付和合同支付，以下属于合同支付项目的有（ ）。

A. 计日工
B. 动员预付款
C. 迟付款利息
D. 暂定金额
E. 价格调整

12. 按《公路工程标准施工招标文件》（2009 版）规定，关于挖方路基的计量正确的有（ ）。

A. 路基土石开挖数量包括边沟、排水沟、截水沟，以 m^3 计量
B. 超过图纸规定尺寸的开挖，不予计量
C. 超过图纸规定尺寸的开挖，按实际开挖体积计量
D. 弃方的运输，不予计量
E. 弃方的运输，按实际运量计量

13. 下列有关偏差的概念，正确的有（ ）。

A. 施工成本偏差为正表示施工成本超支，结果为负表示施工成本节约
B. 施工成本偏差为正表示施工成本节约，结果为负表示施工成本超支
C. 进度偏差为正值，表示工期拖延；结果为负值，表示工期提前
D. 进度偏差为正值，表示工期提前；结果为负值，表示工期拖延
E. 以上都不正确

14. 项目资本金的形式可以是（ ）。

A. 现金
B. 实物
C. 非专利技术
D. 土地
E. 银行贷款

15. 下列关于资产负债表作用的说法，正确的有（ ）。

A. 能够反映构成净利润的各种要素
B. 能够反映企业在一定会计期间现金和现金等价物流入和流出的情况
C. 能够反映企业在某一特定日期所拥有的各种资源总量及其分布情况
D. 能够反映企业的偿债能力
E. 能够反映企业在某一特定日期企业所有者权益的构成情况

16. 偏差分析方法中的横道图法有以下（ ）的特点。

A. 形象、直观、一目了然
B. 反映的信息量少
C. 灵活、适用性强
D. 很难直接用于定量分析
E. 可借助计算机节约数据处理所需人力，并提高速度

17. 施工过程中，发生（ ）引起承包人费用的增加，可向业主提出索赔。

A. 施工现场条件不可预见的变化
B. 施工范围变化
C. 业主原因的工程延期
D. 施工机械的故障

E. 质量缺陷造成的返工

18. 工程网络计划有不同的表达形式，下列说法正确的是（　　）。

A. 时标网络计划中可能存在波形线

B. 单代号网络计划中不能存在虚工作

C. 单代号网络计划中可能存在虚箭线

D. 双代号网络计划中不能存在虚工作

E. 双代号网络计划中可能存在虚箭线

19. 按索赔的目的不同，索赔可分为（　　）。

A. 施工索赔　　B. 业主反索赔

C. 费用索赔　　D. 商务索赔

E. 工期索赔

20. 以下关于工程变更叙述中正确的有（　　）。

A. 在业主和承包人未能就工程变更的费用、工期、质量等方面达成协议时，项目监理机构应提出一个暂定的价格，以便于支付进度款

B. 工程变更在总监理工程师签发工程变更指令之前，承包人可以实施

C. 工程变更在总监理工程师签发工程变更指令之前，承包人不可以实施

D. 未经总监理工程师审查同意的工程变更，项目监理机构不得予以计量

E. 未经总监理工程师审查同意的工程变更，项目监理机构可以直接计量

三、判断题

1. 价值工程强调产品的功能分析，即成本支出一定时，如何获取最大的使用价值，或使用价值限定时，如何降低成本。（　　）

2. 施工图预算的编制工作是完成施工图设计以后，才进行施工图预算的编制工作。（　　）

3. 企业的投标报价与企业定额没有关系，只与公路预算定额的使用有关系，因此报价应该按照部颁的预算定额进行报价。（　　）

4. 财务费用包括企业经营期间发生的短期贷款利息净支出、汇兑净损失、调剂外汇手续费、金融机构手续费以及企业筹集资金发生的其他财务费用。（　　）

5. 以联合体名义参与投标，联合体各方不得再以自己名义单独或参加其他联合体在同一标段中投标。（　　）

6. 投标人通过详细的阅读招标文件和实际的现场勘察，对估计到以后会增加工程量的项目提高报价，工程量会减少的项目降低报价。（　　）

7. 有关偏差的概念，施工成本偏差为正表示施工成本超支，结果为负表示施工成本节约。（　　）

8. 招标采用的合同形式按计价方法的不同，一般分为总价合同、单价合同和成本加酬

金合同三种主要形式。当前国内招投标中用得最多的是单价合同。（ ）

9. 在双代号网络图中虚工作用虚箭线表示，是指既不消耗时间也不消耗资源的工作。

（ ）

10. 不可抗力和业主违约导致解除合同，对承包人而言，业主违约解除合同，承包人可获得更多的补偿。（ ）

四、综合分析题

1. 某隧道工程长约500m，隧道围岩为石灰岩，隧道洞口地势较平坦，隧道弃渣堆放在洞口附近，距隧道洞口15km处有一碎石料场，2cm碎石供应价为45元/m^3（含装卸费等杂费）。当地运价标准为0.5元/t·km，人工工资单价45元/工日，辅助生产间接费率为5%，250×150电动碎石机台班预算单价150元/台班，滚筒式筛分机台班预算单价170元/台班，碎石的单位重量为1.5t/m^3，定额规定的检清片石人工消耗27.7工日/100m^3，机械加工100m^3碎石定额消耗为人工48.3工日，片石116.9m^3，250×150电动碎石机6.49台班，滚筒式筛分机6.6台班。2cm碎石的场外运输损耗率为1%，采购与保管费率为2.5%。

问题：（计算结果均取两位数）

（1）假设隧道弃渣经破碎筛分后能满足隧道混凝土工程需要，请合理确定本项目2cm碎石的预算单价。

（2）如果隧道弃渣加工的碎石仅能满足200m隧道混凝土的工程需要，此时的2cm碎石预算单价是多少？

2. 光华路桥工程公司承包DH高速公路一座桥梁施工。该桥梁的基础为明挖浅基础。施工合同采用《公路工程标准施工招标文件》（2009年版）合同条款。承包人于2013年4月1日进驻工地，合同开工期为2013年5月1日。在施工过程中发生了如下事件：

事件1：因业主未能按计划完成征地拆迁工作，致使该桥梁工程无法按合同规定的工期开工，实际开工时间为2013年5月24日。

事件2：在2013年8月3日桥梁基坑开挖后，发现基底承载力不能满足设计要求。于是，业主通过监理人向承包人发出变更指示，将明挖基础改为钻孔灌注桩基础。因此，使该桥施工期延误7天。

事件3：2014年4月20日，业主提出桥梁外形重新装修的要求，因此使工程不能在合同规定的2014年10月1日前交工，需延迟到2014年10月25日。

承包人2014年10月2日就上述三项事件提出费用索赔和延长工期56天的工期索赔要求，并向监理工程师提交了索赔意向通知书和索赔通知书及相关记录和证明材料。

问题：

（1）承包人提出索赔的主要依据是什么？

（2）承包人是否有理由就上述三个事件提出费用索赔和工期索赔？

（3）监理工程师是否应同意承包人提出的费用索赔和工期索赔的要求？为什么？

第四部分　模拟试卷参考答案及解析

模拟试卷一

一、单项选择题

1. **答案**：B

解析：敏感性分析是对影响经济效果的各种参数的变化做出估计和预测，并对经济效果的变化做出相应的分析和计算，从而判断经济参数变化时经济效果的敏感程度。所以，B 选项正确。

2. **答案**：D

解析：价值工程是以提高产品或作业价值为目的，通过有组织的创造性活动，寻求用最低的寿命周期成本，可靠地实现使用者所需功能的一种管理技术。

3. **答案**：A

解析：现金流量图是一种反映经济系统资金运动状态的图式，即把经济系统的现金流量绘入一时间坐标图中，表示出各现金流入、流出与相应时间的对应关系。现金流量的大小（现金数额）、方向（现金流入或流出）和作用点（现金发生的时间点）是现金流量的三个要素。

4. **答案**：D

解析：施工图预算的编制依据包括设计图纸、预算定额、取费标准、单价资料以及国家或有关部门颁发的各种政策、法规等。概算定额是编制设计概算和修正概算的依据，标准图纸是编制预算定额或概算定额的依据，不是编制施工图预算的依据，施工定额是施工企业投标报价及组织施工的依据，不是编制施工图预算的依据。

5. **答案**：A

解析：施工定额在工程建设定额体系中的基础作用，是由施工定额作为生产定额的基本性质决定的。施工定额和生产结合最紧密，它直接反映生产技术水平和管理水平，而其他各类定额则是在较高的层次上、较大的跨度上反映社会生产力水平。尽管这些定额有更大的综合性和覆盖面，但它们都不能脱离施工定额所直接反映的生产技术水平和管理水平。

6. **答案**：C

解析：定额消耗量包括材料净用量和损耗量，损耗量指的是不可避免的施工废料和材料损耗，在定额中通称材料的场内运输及操作损耗。所以，材料消耗定额 = 材料消耗净用量 ×（1 + 场内运输及操作损耗率）。

7. **答案**：D

解析：税金系指按国家税法规定应计入建筑安装工程造价内的营业税、城市维护建设税及教育费附加等。计算公式为综合税金额 =（直接费 + 间接费 + 利润）× 综合税率。

8. **答案**：A

解析：邀请招标的程序上比公开招标简化，如无招标公告及投标人资格审查的环节。但在组织现场考察、解答投标单位的质疑、公开开标、发售招标文件、在主管部门备案等方面一致。

9. **答案**：B

解析：按照《公路工程标准施工招标文件》（2009 年版）的规定，在投标截止时间 15 天前，招标人可以书面形式修改招标文件，并通知所有已购买招标文件的投标人。如果修改招标文件的时间距投标截止时间不足 15 天，相应延长投标截止时间。招标人有责任保证所有购买招标文件的投标人收到招标文件的修改。

10. **答案**：A

解析：经评标委员会对投标报价中的算术错误进行修正，修正的价格是投标人的最终报价，招标人的评标委员会按照评标办法前附表的规定确定投标人的评标价，依此作为评标的依据。

11. **答案**：A

解析：施工投标的基本程序是：研究招标文件；参加投标预备会；考察施工现场；核实工程数量；调查收集影响投标报价的资料和数据；制订施工方案、编制施工组织计划；进行成本分析、编制成本预算；编制施工图预算；分析投标环境、制订投标策略；制订报价方案、填写工程量清单；填写投标书、办理投标担保手续。

12. **答案**：B

解析：计量方法的基本规定中规定：监理人另有批准外，凡超过图纸所示的面积或体积，都不予计量与支付。

13. **答案**：C

解析：质量保证金的计算基数为：永久性工程款 + 工程变更款 + 费用索赔款，所以，应扣留的质量保证金为：$(2\,000+200+100)\times0.05=115$（万元）。在质量保证金计算中须注意，质量保证金的计算额度不包括预付款的支付、扣回以及价格调整的金额。

14. **答案**：D

解析：资产负债表根据“资产 = 负债 + 所有者权益”这一会计等式，将日常核算工作中形成的有关账户的期末余额进行整理后编制，反映企业在某一特定日期的资产、负债、所有者权益的余额及其分布情况，是一种静态报表。

15. **答案**：B

解析：施工成本控制的步骤：比较、分析、预测、纠偏、检查。其中分析就是找出偏差产生的原因，是成本控制的核心工作。纠偏是施工成本控制的实质性内容，达到有效控制施工成本的目的。

16. **答案**：D

解析：双倍余额递减法是指在不考虑固定资产净残值的情况下，根据每期期初固定资产账面余额和双倍的直线法折旧率计算固定资产折旧的一种方法。固定资产年折旧率 = 2/预计的折旧年限 ×100%，固定资产年折旧额 = 固定资产账面净值 × 年折旧率，实行双倍余额递减法计提折旧的固定资产，应当在其固定资产折旧年限到期以前两年内，将固定资产净值扣除预计净残值后的价值平均摊销，即最后两年改为直线法计提折旧。

固定资产年折旧率为 2/4 × 100% ＝50%，第一年的折旧额为 10 000 × 50% ＝5 000（元），第一年的年末固定资产净值为 10 000 －5 000 ＝5 000（元）。第二年的折旧额为 5 000 × 50% ＝2 500（元）。

17. **答案：**C

解析：银行贷款成本的计算公式如下：

$$长期借款成本=\frac{长期借款利息\times（1-所得税税率）}{长期借款总额\times（1-借款筹资费率）}\times 100\%$$

$$=\frac{长期借款年利率\times（1-所得税税率）}{1-借款筹资费率}\times 100\%$$

18. **答案：**C

解析：工作的总时差是指在不影响任何一个紧后工作的最迟开始时间的条件下，工作所拥有的最大机动时间。当某项工作的总时差刚好被全部利用时，不影响任何一个紧后工作的最迟开始时间。

19. **答案：**C

解析：索赔费用的计算方法有实际费用法、总费用法、修正的总费用法三种，但最常用的方法是实际费用法。

20. **答案：**A

解析：《公路工程标准施工招标文件》（2009 年版）中规定，异常恶劣气候的条件导致工期延误的，承包人只可以索赔工期，没有费用索赔，所以 A 选项正确。其他选项的情况，承包人可以索赔工期与费用。

二、多项选择题

1. **答案：**ABE

解析：不确定性分析方法包括临界分析（盈亏平衡分析）、敏感性分析和风险分析（概率分析）三种。

2. **答案：**BDE

解析：内部收益率就是在考虑了资金的时间价值的情况下，使一项投资在未来产生的现金流量现值，刚好等于投资成本时的收益率。内部收益率表示项目操作过程中抗风险能力和最大能承受的利率。内部收益率指标的突出优点就是在计算时不需事先给定基准折现率，内部收益率不是事先外生给定的，是内生决定的，即由项目现金流计算出来的。

3. **答案：**AB

解析：按功能的重要程度，分为基本功能与辅助功能。基本功能，是指为达到其（使用）目的所必不可少的功能，是产品的主要功能，如果不具备这种功能，产品就失去其存在的价值。如灯泡的基本功能是照明。辅助功能是为了更好地实现基本功能而附加的功能，是次要功能。

4. **答案：** BCD

解析： 概预算总金额由建筑安装工程费，设备、工具、器具及家具购置费，工程建设其他费用，预备费四部分组成，总概（预）算表（01 表）是计算概预算总金额的，所以，BCD 正确。

5. **答案：** ABDE

解析： 企业管理费由基本费用、主副食运费补贴、职工探亲路费、职工取暖补贴和财务费用五项组成。工会经费、劳动保险费、工程排污费等属于企业管理费的基本费用。脚手架费属于建安费中直接工程费。

6. **答案：** ABDE

解析： 竣工财务决算表是竣工财务决算报表的一种，大中型建设项目竣工财务决算表是用来反映建设项目的全部资金来源和资金占用情况，是考核和分析投资效果的依据。该表反映竣工的大中型建设项目从开工到竣工为止全部资金来源和资金运用的情况。资金来源包括基建拨款（预算拨款、基建基金拨款和专项建设基金拨款等）、项目资本金、项目资本公积金、基建借款、上级拨入投资借款、企业债券资金、待冲基建支出、应付款和未交款（未交税金和其他未交款）以及上级拨入资金和企业留成收入等。

7. **答案：** ABCE

解析： 投标人须知包括工程概况、招标内容、招标文件的组成、投标文件的组成、报价的原则、招标投标时间安排等关键的信息。首先，投标人需要注意招标工程的详细内容和范围，避免遗漏或多报。其次，还要特别注意投标文件的组成，避免因提供的资料不全而被作为废标处理。还要注意招标答疑时间、投标截止时间等重要时间安排，避免因遗忘或迟到等原因而失去竞争机会。

8. **答案：** CDE

解析： 按照《公路工程标准施工招标文件》（2009 年版）的规定，联合体投标应遵守以下规定：

（1）联合体各方应按招标文件提供的格式签订联合体协议书，明确联合体牵头人和各方权利义务。

（2）由同一专业的单位组成的联合体，按照资质等级较低的单位确定资质等级。

（3）联合体各方不得再以自己名义单独或参加其他联合体在同一标段中投标。

（4）联合体所有成员数量不得超过投标人须知前附表规定的数量。

（5）联合体牵头人所承担的工程量必须超过总工程量的 50%。

（6）联合体各方应分别按照本招标文件的要求，填写投标文件中的相应表格，并由联合体牵头人负责对联合体各成员的资料进行统一汇总后一并提交给招标人；联合体牵头人所提交的投标文件应认为已代表了联合体各成员的真实情况。

（7）尽管委任了联合体牵头人，但联合体各成员在投标、签约与履行合同过程中，仍负有连带的和各自的法律责任。

9. **答案：** BCDE

解析： 不平衡报价法。具体表现形式如下：

（1）先期开工的项目（如开工费、土方、基础等）的单价报价高，后期开工的项目如高速公路的路面，交通设施、绿化等附属设施的单价报价低。

（2）估计到以后会增加工程量的项目的单价报价高，工程量会减少的项目的单价报价低。

（3）图纸不明确或有错误的，估计今后会修改的项目的单价报价高，估计今后会取消的项目的单价报价低。

（4）没有工程量，只填单价的项目（如拆除建筑物）其单价报价高（这样既不影响投标总价，又有利于多获利润）。

（5）对暂列金额项目，承包人实施的可能性大时，其单价报价高，反之，报价低。

（6）对于允许价格调整的工程，当预计计算所得的调价系数高于利率及物价上涨带来的影响时，则后期施工的工程子目的单价报价高，反之，报价低。

10. **答案：** ABD

解析： 其他工程费是指直接工程费以外施工过程中发生的直接用于工程的费用。内容包括冬季施工增加费、雨季施工增加费、夜间施工增加费、特殊地区施工增加费、行车干扰工程施工增加费、施工标准化与安全措施费、临时设施费、施工辅助费、工地转移费九项。

11. **答案：** ACD

解析： 机械台班单价由不变费用和可变费用组成。不变费用包括折旧费、大修理费、经常修理费、安装拆卸及辅助设施费等；可变费用包括机上人员人工费、动力燃料费及车船使用税。

12. **答案：** BCD

解析： 开工预付款的支付条件：①签订了合同协议书；②提交了履约担保；③提交了开工预付款担保。

13. **答案：** ABDE

解析： 单价子目支付项目的支付条件是完成了技术规范和设计图纸所规定的工作内容，且质量合格，计量结果准确无误，并附相应的符合合同要求的支持性证明文件。

14. **答案：** ABCD

解析： 债券筹资的优点：①支出固定；②企业控制权不变；③少纳所得税；④可以提高自有资金利润率。

15. **答案：** BCD

解析： 施工承包项目计划成本应按招标文件的工程量清单确定。主要包括投标报价、施工组织设计或施工方案、施工成本预测资料等。

16. **答案：** BCE

解析： 企业财务通则是设立在中华人民共和国境内依法设立的具备法人资格的国有

及国有控股企业必须遵循的原则和规范，但金融企业除外，其他企业参照执行。

17. **答案**：ACDE

解析：利润表主要反映以下几方面的内容：①构成主营业务利润的各项要素；②构成营业利润的各项要素；③构成利润总额（或亏损总额）的各项要素；④构成净利润（或净亏损）的各项要素。

18. **答案**：BCE

解析：《公路工程标准施工招标文件》（2009年版）中规定，异常恶劣气候的条件导致工期延误的，承包人有权要求发包人延长工期，没有费用补偿，所以，A选项错误。B、C选项属于发包人的责任，既可以索赔工期，也可以索赔费用，所以B、C选项正确。D选项是承包人的责任，不构成索赔，所以错误。一旦发现化石文物，应按文物行政部门要求采取妥善保护措施，由此导致费用增加和（或）工期延误由发包人承担，所以，E选项正确。

19. **答案**：ACE

解析：网络计划中结束工作的最早完成时间就是网络计划的计算工期，所以，A、C、E选项正确。

20. **答案**：ACD

解析：在履行合同过程中，经发包人同意，监理人可按合同条款约定的变更程序向承包人做出变更指示，承包人应遵照执行。没有监理人的变更指示，承包人不得擅自变更。所以，B、E选项错误。

三、判断题

1. **答案**：×

解析：建设项目的经济评价指标是净现值，净现值等于0，表示项目方案可以收回全部投资，净现值大于0，表示项目方案可以收回全部投资，并有盈余。项目经济评价的指标不是净现金流量。

2. **答案**：√

解析：公路工程概、预算定额中规定：混凝土构筑物或预制构件的工程量为实际体积，不包括其中空心部分的体积，也不扣除钢筋、钢绞线、预埋件及预留孔道的体积。

3. **答案**：×

解析：为了满足竣工验收和竣工决算的需要，应绘制能反映竣工工程全部内容的工程设计平面示意图。平面示意图按经过施工实际修改后的工程设计平面图绘制。

4. **答案**：×

解析：施工单位自行开采、采集、加工的材料，其料场单价按预算定额中开采单价加辅助生产间接费和矿产资源税（如有）计算，辅助生产间接费以人工费为基数计算。

5. **答案**：√

解析：根据《中华人民共和国招标投标法》第四十三条的有关规定：在确定中标人前，招标人不得与投标人就投标价格、投标方案等实质性内容进行谈判。

6. **答案**：√

解析：缺陷责任期内，承包人不履行或没有完全履行合同约定的责任，发包人可按合同约定扣除保证金，并由承包人承担违约责任。

7. **答案**：√

解析：横道图法具有形象、直观，一目了然的优点，准确表达施工成本的绝对偏差，但反映的信息量少，一般在较高管理层应用。表格法具有灵活、适用性强，信息量大，可以电算，提高速度。曲线法表示的是累计偏差，形象、直观的特点，但很难定量分析。

8. **答案**：√

解析：项目资本金可以用货币出资，也可以用实物、工业产权、非专利技术、土地使用权、资源开采权作价出资，但除国家对采用高新技术成果有特殊规定外，其比例不得超过项目资本金总额的20%。

9. **答案**：×

解析：若承包人收到监理工程师的变更意向书后认为难以实施此项变更，应立即通知监理工程师，说明原因并附详细依据。监理工程师与承包人和发包人协商后确定撤销、改变或不改变原变更意向书。

10. **答案**：√

解析：承包人可向发包人发出解除合同通知。但承包人的这一行动不免除发包人承担的违约责任，也不影响承包人根据合同约定享有的索赔权利。

四、综合分析题

1. **答案**：

问题1：

方案一，每1 000m^3工程量的直接工程费为：

$$(700+1.80\times100+0.13\times800)\times1\,000=984\,000（元）=98.4（万元）$$

方案二，每1 000m^3工程量的直接工程费为：

$$(700+1.00\times100+0.375\times800)\times1\,000=1\,100\,000（元）=110（万元）$$

问题2：

以1 000m^3为工程量单位，设工程量为Q，当工期为12个月时：

方案一，费用$C_1=98.4Q+35\times12+160=98.4Q+580$（万元）。

方案二，费用$C_2=110Q+25\times12+200=110Q+500$（万元）。

令：$C_1=C_2$（或$98.4Q+580=110Q+500$）

得$Q=6.9\times10^3m^3$。

因此，当$Q<6.9\times10^3m^3$时，$C_2<C_1$，应采用方案二。

当 $Q=6.9\times10^3\mathrm{m}^3$ 时，$C_2=C_1$，采用方案一、方案二均可。

当 $Q>6.9\times10^3\mathrm{m}^3$ 时，$C_2>C_1$，采用方案一。

问题3：

当工程量为9 000m³，合同工期为10个月时：

方案一，费用 $C_1=98.4\times9+35\times10+160=1\,395.6$（万元）。

方案二，费用 $C_2=110\times9+25\times10+200=1\,440$（万元）。

因为 $C_1<C_2$，所以应采用方案一。

若方案二可缩短工期10%，方案二的费用为：

$$C=110\times9+25\times10\times(1-10\%)+200=1\,415\text{（万元）}$$

因为 $C_1<C$，所以应采用方案一。

2. 答案：

（1）每立方米混凝土工程的签约合同单价：

$$\text{直接工程费}=100\times0.4+275+1\,200\times0.025=345\text{（万元）}$$

$$\text{其他工程费}=345\times5\%=17.25\text{（万元）}$$

$$\text{直接费}=345+17.25=362.25\text{（万元）}$$

$$\text{规费}=100\times0.4\times40\%=16\text{（万元）}$$

$$\text{企业管理费}=362.25\times8\%=28.98\text{（万元）}$$

$$\text{间接费}=16+28.98=44.98\text{（万元）}$$

$$\text{利润}=(362.25+44.98-16)\times5\%=19.56\text{（万元）}$$

$$\text{税金}=(362.25+44.98+19.56)\times3.41\%=14.55\text{（万元）}$$

$$\text{建安单价}=362.25+44.98+19.56+14.55=441.34\text{（万元）}$$

（2）事件1中，拆除混凝土发生的费用不应计入工程价款。理由：施工质量缺陷属于施工单位责任范围，返工增加的费用由施工单位承担，工期不予顺延。

（3）由于 $[(2\,600-2\,400)/2\,400]\times100\%=8.33\%<15\%$，因此，混凝土工程的结算价款仍按原综合单价结算。

对应的工程结算价款 $=441.34\times2\,600=1\,147\,484$ 元 $=114.75$（万元）。

（4）事件2中，拆除混凝土发生的费用应计入工程价款。理由：因设计变更导致合同价款增减及造成施工单位损失由建设单位承担，延误的工期相应顺延。

（5）计入结算的混凝土工程量 $=2\,600+150=2\,750$（m³）。

混凝土工程的实际结算价 $=2\,750\times441.34+53\,000=1\,266\,685$（元）$=126.69$（万元）。

模拟试卷二

一、单项选择题

1. **答案**：A

解析：价值工程的原理是：通过各相关领域的协作，对所研究对象的功能与费用进行系统分析，不断创新，最终以研究对象的最低寿命周期成本可靠地实现使用者所需功能，以获取最佳的综合效益。寿命周期成本是指产品在其寿命期内所发生的全部费用，包括生产成本和使用成本两部分。

2. **答案**：D

解析：$NPV = -2\,500 - 1\,500\frac{1}{(1+0.1)^3} + 1\,300\frac{(1+0.1)^5-1}{0.1\times(1+0.1)^5} + 500\frac{1}{(1+0.1)^5}$

$=1\,612$

3. **答案**：D

解析：价值指数 $VI<1$。此时评价对象的成本比重大于功能比重，表明相对于系统内的其他对象而言，目前所占的成本偏高，从而会导致该对象的功能过剩。应将评价对象列为改进对象，改善方向主要是降低成本，价值指数越小，越优先改进。

4. **答案**：D

解析：所谓计价依据是指用以计算工程造价的基础资料的总称，除包括定额、指标、费率、基础单价外，还包括工程量数据以及政府主管部门颁发的各种有关经济法规、政策、计价办法等。

5. **答案**：B

解析：路基土石方的开挖、装卸、运输是按天然密实体积（m^3）计算，填方和利用方则是按压（夯）实后的体积（m^3）计算。所以，B 选项正确。

6. **答案**：C

解析：按照交通运输部《公路工程基本建设项目概算预算编制办法》规定，工程排污费属于企业管理费的基本费用之一。而市政、工民建等建筑工程方面的规定是工程排污费属于规费。所以，按照交通运输部的规定，C 选项正确。

7. **答案**：A

解析：税金的计算公式：综合税金额 =（直接费 + 间接费 + 利润）×综合税率。

8. **答案**：C

解析：根据我国有关法律、法规的规定，下列公路工程项目必须进行招标，但涉及国家安全、国家秘密、抢险救灾或者利用扶贫资金实行以工代赈等不适宜进行招标的项目除外：

（1）施工单项合同估算价在200万元人民币以上的施工项目；

（2）重要设备、材料等货物的采购，单项合同估算价在100万元人民币以上的；

（3）勘察、设计、监理等服务的采购，单项合同估算价在50万元人民币以上的；

（4）单项合同估算价低于第（1）、（2）、（3）项规定的标准，但项目总投资额在3 000万元人民币以上的。

9. **答案**：A

解析：按照《公路工程标准施工招标文件》（2009年版）的规定，投标人不按要求提交投标保证金的，其投标文件作废标处理。

10. **答案**：C

解析：施工投标的基本程序是：研究招标文件；参加投标预备会；考察施工现场；核实工程数量；调查收集影响投标报价的资料和数据；制定施工方案、编制施工组织计划；进行成本分析、编制成本预算；编制施工图预算；分析投标环境、制定投标策略；制定报价方案、填写工程量清单；填写投标书、办理投标担保手续。

11. **答案**：C

解析：按照《公路工程标准施工招标文件》（2009年版）的规定，评标价的确定有两种方法，即方法一：评标价 = 投标函文字报价；方法二：评标价 = 投标函文字报价 − 暂估价 − 暂列金额（不含计日工总额）。

12. **答案**：D

解析：工程结算的方式有：按月结算、竣工后一次结算、分段结算、双方约定的其他结算方式四种。其中按月结算是最常见结算方式；竣工后一次结算适用于工期12个月以内，工程价值在100万元以下的工程结算。

13. **答案**：B

解析：计量方法的基本规定中规定：监理人另有批准外，凡超过图纸所示的面积或体积，都不予计量与支付。

14. **答案**：A

解析：因素分析法，又称连锁置换法或连环替代法。该方法可分析各种因素对成本形成的影响程度。首先要假定众多因素中的一个因素发生了变化，而其他因素则不变，顺次用各因素的比较值（通常即实际值）替代基准值（通常为标准值或计划值），并分别比较其计算结果，以确定各个因素的变化对成本的影响程度。

15. **答案**：C

解析：双倍余额递减法是指在不考虑固定资产净残值的情况下，根据每期期初固定资产账面余额和双倍的直线法折旧率计算固定资产折旧的一种方法。固定资产年折旧率 = 2/预计的折旧年限 × 100%，固定资产年折旧额 = 固定资产账面净值 × 年折旧率，实行双倍余额递减法计提折旧的固定资产，应当在其固定资产折旧年限到期以前两年内，将固定资产净值扣除预计净残值后的价值平均摊销，即最后两年改为直线法计提折旧。

16. **答案**：D

解析：营业税的纳税人是指在我国境内提供应税劳务、转让无形资产或者销售不动产的单位和个人。建筑企业承包工程的行为属于提供应税劳务。

17. **答案**：C

解析：普通股资金成本的计算公式如下：

$$普通股成本=\frac{普通股第一年股利}{普通股筹资额\times（1-筹资费用率）}+预计年股利增长率$$

18. **答案**：B

解析：在网络计划中总时差最小的线路就是关键线路，当计划工期等于计算工期时，关键线路上所有工作的总时差均为零。所以，当计划工期等于计算工期时，网络计划中关键工作就是总时差为零的工作。

19. **答案**：A

解析：《公路工程标准施工招标文件》（2009 年版）中规定的变更的估价原则，已标价工程量清单中有适用于变更工作的子目的，采用该子目的单价。已标价工程量清单中无适用于变更工作的子目，但有类似子目的，可在合理范围内参照类似子目的单价，由监理人按合同约定商定或确定变更工作的单价。

20. **答案**：C

解析：承包人提供的材料和工程设备均由承包人负责采购、运输和保管。承包人应对其采购的材料和工程设备负责。

二、多项选择题

1. **答案**：ADE

解析：根据生产成本和销售收入与产销量之间是否为线性关系，盈亏平衡分析可分为线性盈亏平衡分析和非线性盈亏平衡分析。盈亏平衡点越低，说明项目盈利的可能性越大，亏损的可能性越小，因而项目有较大的抗经营风险能力。盈亏平衡分析只适用于财务评价。盈亏平衡分析的缺点是无法揭示风险产生的根源及有效控制风险的途径。

2. **答案**：BCE

解析：以年利率标明的利率称为名义利率；一年中多次计息，此时的年实际利率称为有效利率。在进行技术经济分析时，每年计算利息次数不同的名义利率，相互之间没有可比性，应预先将他们转化为计息期为年的实际利率后才能进行比较。

3. **答案**：ABCE

解析：寿命期相同的互斥方案比较和选择的方法有净现值法、净年值法、净现值率法、差额内部收益率法、最小费用法等，寿命期不相同的互斥方案比较和选择的方法有年值法、最小公倍数法、研究期法等。

4. **答案**：ABD

解析：在公路基本建设活动中，工程建设工作所处的阶段不同，工程造价文件主要编制依据的定额是不同的，按使用要求可分为：施工定额、预算定额、概算定额、估算指标等。

5. **答案**：ABCE

解析：竣工决算报告由建设项目竣工决算报告封面、竣工平面示意图、竣工报告说明书、竣工决算表格四个部分组成，竣工决算表格中主要体现的是工程造价比较分析。

6. **答案**：ACDE

解析：其他工程费是指直接工程费以外施工过程中发生的直接用于工程的费用。内容包括冬季施工增加费、雨季施工增加费、夜间施工增加费、特殊地区施工增加费、行车干扰工程施工增加费、施工标准化与安全措施费、临时设施费、施工辅助费、工地转移费九项。公路工程中的水、电费及因场地狭小等特殊情况而发生的材料二次搬运等其他工程费已包括在概、预算定额中，不再另计。施工辅助费包括生产工具用具使用费、检验试验费和工程定位复测、工程点交、场地清理等费用。混凝土添加剂费属于材料费，即属于直接工程费。

7. **答案**：ACD

解析：招标文件对招标人和投标人有约束力，投标须知、合同专用条款、对投标人书面有质疑的解答等是未来可能构成合同文件的一部分，产生法律效力，而资格预审表是对投标企业总体能力的审查，是不具有约束力的招标文件组成部分。招标人提供的本合同工程的水文、地质、气象和料场分布、取土场、弃土场位置等参考资料，并不构成合同文件的组成部分，投标人应对自己就上述资料的解释、推论和应用负责，招标人不对投标人据此做出的判断和决策承担任何责任。

8. **答案**：ABCE

解析：在计算材料预算单价时，材料的采购及保管费以材料原价、运杂费和场外运输损耗费的和为基数计算，路桥通行费属于运杂费。

9. **答案**：ACD

解析：B 选项错在低于成本。E 选项错在更改暂列金额的大小。

10. **答案**：ABCD

解析：在工程竣工决算的实际工作中，工程造价比较分析应主要分析以下内容：①主要实物工程量；②主要材料消耗量；③主要设备材料的价格；④大型机械设备、吊装设备的台班量；⑤采取的施工方案和措施；⑥考核建筑及安装工程费、间接费、工程建设其他费用等的执行情况。

11. **答案**：CE

解析：间接费由规费和企业管理费两项组成。

12. **答案**：ABCD

解析：计量的依据一般有质量合格证书，工程量清单说明言，合同条件中的“计量支付”条款，技术规范中有关计量支付的内容（或独立的计量支付说明）和设计图纸及各种测量数据。

13. **答案**：ABCE

解析：付款申请单应包括下列主要内容：①完成的工程价款；②计日工价款；③暂列金额价款；④材料设备预付款；⑤价格调整及法规变更引起的费用；⑥根据合同规定本期应结算的其他款项；⑦本应扣留的保证金、材料设备预付款及开工预付款；⑧根据合同规定，本期应扣除的其他款项。

14. **答案**：CE

解析：因素分析法可分析各种因素对成本形成的影响程度。差额分析法是利用各影响因素的实际数与计划数的差额，直接计算出各因素变动对分析成本指标的影响。

15. **答案**：ABC

解析：发行股票筹资的优点：①以股票筹资是一种有弹性的融资方式，融资风险低；②股票无到期日；③发行股票筹集资金可降低公司负债比率，提高公司财务信用，增加公司今后的融资能力。

16. **答案**：BCD

解析：计提折旧的固定资产范围如下：①房屋及建筑物。不论是否使用，从入账的次月起就应计提折旧；②在用固定资产。指已投入使用的施工机械、运输设备、生产设备、仪器及试验设备等生产性固定资产以及已投入使用的非生产性固定资产；③季节性停用和修理停用的固定资产；④以融资租赁方式租入的固定资产；⑤以经营租赁方式租出的固定资产。

17. **答案**：CDE

解析：成本计划是在成本预测的基础上，对计划期内项目的成本水平所做的筹划。包括竞争性成本计划、指导性成本计划、实施性成本计划三种。

18. **答案**：BE

解析：A 选项属于承包人的责任，不构成索赔，所以，A 选项错误。额外工作属于发包人的责任，可以索赔，所以，B 选项正确。C、D 选项按规定应分摊进入工程单价，不能够索赔，所以错误。E 选项属于非承包人的责任，可以索赔，所以，E 选项正确。

19. **答案**：AD

解析：时标网络计划中，虚箭线表示虚工作，波形线表示局部时差，所以，A 选项正确。单代号网络计划中可能存在多项工作同时开始或多项工作同时结束的情况，需要引入虚工作，所以，B 选项错误。单代号网络计划中不存在虚箭线，所以，C 选项错误。双代号网络计划可能存在虚工作，用虚箭线表示，所以，E 选项错误，D 选项正确。

20. **答案**：ABCD

解析：监理人收到承包人提交了索赔通知书后的，应及时审查索赔通知书的内容、查验承包人的记录和证明材料，必要时监理人可要求承包人提交全部原始记录副本。主要审查索赔证据、工期顺延要求、费用索赔要求等，不需要审查是否满足业主的要求。

三、判断题

1. **答案**：√

解析：敏感性分析的目的就在于通过分析各个因素对项目经济评价指标的影响程度的大小，找出敏感性因素，从而为采取必要的风险防范措施提供依据，但不能度量项目风险大小。

2. **答案**：√

解析：价值工程与一般的投资决策理论不同。一般的投资决策理论研究的是项目的投资效果，强调的是项目的可行性，而价值工程是研究如何以最少的人力、物力、财力和时间获得必要功能的技术经济分析方法，强调的是产品的功能分析和功能改进。

3. **答案**：×

解析：公路工程预算定额中的混凝土配合比是编制施工图预算的依据，而不是施工配合比的依据。施工中具体的配合比应按照施工现场的情况，根据配合比试验确定。

4. **答案**：√

解析：材料预算价格是指材料从来源地或交货地到达工地仓库或施工地点堆放材料的地点后的综合平均价格，所以材料预算价格由材料原价、运杂费、场外运输损耗、采购及仓库保管费组成。

5. **答案**：×

解析：预算定额是规定消耗在单位的工程基本构造要素上（分项工程和结构构件）的劳动力、材料和机械的数量标准。概算定额，是按主要分项工程规定的计量单位及综合相关工序的劳动、材料和机械台班的消耗标准。

6. **答案**：×

解析：投标人未在工程量清单中填入单价或总额价的工程子目，将被认为其已包含在工程量清单其他子目的单价和总额价中，招标人将不予支付。

7. **答案**：√

解析：成本控制中的“三同步”是指统计核算、业务核算、会计核算三者应该同步，即发生多少成本、消耗多少资源、完成多少产值，三者应该同步。

8. **答案**：√

解析：成本加酬金合同指由业主向承包人支付工程项目的实际成本，并按事先约定的某一种方式支付酬金的合同类型。缺点是业主对工程总造价不易控制，承包人也往往不注意降低项目成本。

9. **答案**：×

解析：工作面的大小决定了施工对象单位面积上能安置多少工人和布置多少机械。在组织流水施工时，确定流水节拍时不仅与总工期有关，还与工作面有关。

10. **答案**：×

解析：发包人要求承包人提前竣工，或承包人提出提前竣工的建议能够给发包人带来效益的，应由监理人与承包人共同协商采取加快工程进度的措施和修订合同进度计划。发包人应承担承包人由此增加的费用，并向承包人支付专用合同条款约定的相应奖金。

四、综合分析题

1. **答案：**

（1）对承包人资质审查的内容有：企业营业执照和资质证书、人员素质、设备和技术能力、财务状况、工程经验、企业信誉等。

（2）定金与预付款的区别：

①目的不同。定金的目的是为了证明合同的成立和确保合同的履行；而预付款是为了解决承包人在工程准备和材料准备中的资金问题。

②性质不同。定金是担保形式，是法律行为；而预付款是一种惯例，是约定俗成的习惯，不是法律行为。

③处理不同。定金视合同履行情况有不同的法律后果：a. 合同正常履行，定金返还；b. 合同不履行，双方都无过错，定金返还；c. 支付定金的一方不履行合同，无权获得返还定金；d. 收取定金的一方不履行合同，双倍返还定金。

预付款则在工程进度款中按比例以扣还的方式归还。

（3）监理工程师判定承包人索赔成立的条件：

①承包人受到了实际损失或损害。

②损失不是因为承包人的过错和责任。

③损害也不是承包人应承担的风险造成。

④承包人在合同规定的索赔时限内提出。

（4）两次索赔处理：

①对第一次索赔。

a. 判定第一次索赔成立。

因为：a）遇到文物时的停工应视为业主应承担的风险，不属于承包人的责任，工期索赔理由成立；b）承包人及时提供了证据资料；c）承包人及时提出了索赔申请。

b. 监理工程师根据监理记录核实延误的天数。

c. 监理工程师签发工期变更指令。

②对第二次索赔。

a. 判定第二次索赔不成立。因为施工机械故障造成工期延误是承包人自己的责任，索赔无理由。

b. 监理工程师应在收到索赔申请后 14 天内作出答复，表示索赔不成立。

2. **答案：**

（1）监理工程师接到施工单位提交的索赔申请后应进行以下主要工作：①审核承包人的索赔申请；②判定索赔成立原则；③对索赔报告的审查和核定；④与承包人协商补偿；⑤签发索赔处理决定，当监理工程师确定的索赔额超过其权限范围时，必须报业主批准。

（2）不可抗力风险承担责任的原则：①工程本身的损害由业主承担；②人员伤亡由其

所属单位负责，并承担相应费用；③造成施工单位机械、设备的损坏及停工等损失，由施工单位承担；④所需清理工作的费用，由业主承担；⑤工期给予顺延。

（3）对索赔报告中六条的处理方法：第一条：经济损失由双方分别承担，工程延期应予签证顺延；第二条：工程修复、重建22万元工程款应由业主支付；第三条：索赔不予认可，由施工单位承担；第四条：索赔不予认可，由施工单位承担；第五条：工期顺延10天；第六条：现场清理需费用2万元，由业主承担。

模拟试卷三

一、单项选择题

1. **答案：**B

解析：投资项目评价中的敏感性分析，就是在确定性分析的基础上，通过进一步分析、预测项目主要不确定因素的变化对项目评价指标（如财务内部收益率、财务净现值、投资回收期、投资收益率等）的影响，从中找出敏感因素，确定评价指标对该因素的敏感程度和项目对其变化的承受能力。

2. **答案：**B

解析：设名义利率为 r，在一年中计息 m 次，则实际利率 i 与名义利率 r 的关系用公式：$i=\left(1+\frac{r}{m}\right)^{m}-1$ 表示，公式中 m 大于 1 时，则实际利率 i 大于名义利率 r。

3. **答案：**C

解析：根据公式 $\text{IRR}\approx i^{*}=i_1+\frac{\text{NPV}_1}{\text{NPV}_1+|\text{NPV}_2|}\times(i_2-i_1)$ 计算。

4. **答案：**C

解析：时间定额与产量定额的关系是互为倒数。

5. **答案：**A

解析：公路工程预算定额规定，对于周转性材料如确因施工安排达不到规定的周转次数时，就地浇筑钢筋混凝土梁、板桥上部构造用的支架及拱圈用的拱盔、支架，可根据具体情况进行抽换并按规定计算回收。其他都不能进行定额抽换。

6. **答案：**D

解析：竣工决算是指建设工程从筹建开始到竣工交付使用为止的全部建设费用，是工程建设的实际造价文件。

7. **答案：**C

解析：企业接受捐赠的无形资产，按照发票账单所载金额或者同类无形资产市场价作价。专利权转让价格不按成本估价，而是按照其所能带来的超额收益计价。如果非专利技术是自创的，一般不作为无形资产入账，自创过程中发生的费用，按当期费用处理。当建设单位获得土地使用权是通过行政划拨的，这时土地使用权就不能作为无形资产核算。

8. **答案：**A

解析：企业管理费以各类工程的直接费之和为基数计算，直接费是由直接工程费和其他工程费组成。直接工程费包括人工费、材料费、施工机械使用费。

9. **答案：**A

解析：公开招标方式的优点是：投标的承包人多，竞争激烈，发包人有较大的选择余地；有利于降低工程造价，提高工程质量和缩短工期。

10. **答案**：A

解析：按照《公路工程标准施工招标文件》（2009 年版）的规定，有下列情形之一的，招标人将重新招标：①投标截止时间止，投标人少于 3 个的；②经评标委员会评审后否决所有投标的；③中标候选人均未与招标人签订合同的；④法律规定的其他情形。

11. **答案**：B

解析：组成合同的各项文件应互相解释，互为说明。除专用合同条款另有约定外，解释合同文件的优先顺序如下：合同协议书；中标通知书；投标函及投标函附录；专用合同条款；通用合同条款；技术标准和要求；图纸；已标价工程量清单；其他合同文件。

12. **答案**：C

解析：按照《公路工程标准施工招标文件》（2009 年版）的规定，评标基准价的确定方法有：方法一，将评标价平均值直接作为评标基准价。方法二，将评标价平均值下浮一个百分数，作为评标基准价。方法三，招标人设置评标基准价系数，由投标人代表或监标人现场抽取，评标价平均值乘以现场抽取的评标基准价系数作为评标基准价等。

13. **答案**：A

解析：计算公式为：$(130-100\times1.15)\times4+100\times1.15\times5=635$（万元）。在计算中，须注意的是，超出合同规定范围的才进行调价，在本题中，对超出 100 万 m^3 的 15% 的部分调价，即超出 115 万 m^3 的部分是 15 万 m^3 调价。

14. **答案**：C

解析：成本核算是承包企业对项目建设过程中所发生的各项费用进行归集，统计其实际发生额，并计算项目总成本和单位工程成本的管理工作。成本核算的对象一般是单位工程，成本核算以季度为一个核算期。

15. **答案**：D

解析：年数总和法是将固定资产的原值减去净残值后的净额乘以一个逐年递减的分数计算每年的折旧额。年折旧率 = 尚可使用的年数 ÷ 预计使用年限的年数总和。第 2 年折旧额 = $(20\,000-2\,000)\times4/(5+4+3+2+1)=4\,800$（元）。

16. **答案**：A

解析：资金筹集成本是指在资金筹集过程中所支付的各项费用，如发行股票或债券支付的印刷费、发行手续费、律师费、资信评估费、公证费、担保费、广告赞助等。资金筹集成本一般属于一次性费用，筹资次数越多，资金筹集成本也就越大。

17. **答案**：B

解析：在网络计划中总时差最小的线路就是关键线路，当计划工期等于计算工期时，关键线路上所有工作的总时差均为零。所以，当计划工期等于计算工期时，网络计划中关键工作就是总时差为零的工作。

18. **答案**：C

解析： 在合同执行过程中，如果当事人一方认为另一方没能履行或不完全履行合同既定的义务或妨碍了自己履行合同义务，或是发生了合同中规定由另一方承担的风险事件，结果造成经济损失，则受损失方通常可提出索赔要求。

19. **答案：** D

解析： 在设计阶段，克服设计方案的不足或缺陷，所需代价最小，而取得的效果却最好。在设计阶段，从技术上的合理性、施工上的可行性、工程造价上的经济性进行全面分析，从各个不同角度对设计图纸进行全面的审核管理工作，以求提高设计质量，避免因设计考虑不周或失误给施工带来洽商，造成经济损失。

20. **答案：** A

解析： 《公路工程标准施工招标文件》（2009 年版）中规定，异常恶劣气候的条件导致工期延误的，承包人只可以索赔工期，没有费用索赔，所以，A 选项正确。其他选项的情况，承包人可以索赔工期与费用。

二、多项选择题

1. **答案：** DE

解析： 盈亏平衡分析中，盈亏平衡点越低，说明项目盈利的可能性越大，亏损的可能性越小，因而项目有较大的抗经营风险能力。盈亏平衡分析的缺点是无法揭示风险产生的根源及有效控制风险的途径。根据生产成本和销售收入与产销量之间是否为线性关系，盈亏平衡分析可分为线性盈亏平衡分析和非线性盈亏平衡分析，对非线性盈亏平衡分析，盈亏平衡点可能有多个。

盈亏平衡分析的假设条件有：①产量等于销量；②成本是产量的函数；③单位变动成本随产量按比例变化；④在盈亏平衡分析的产量范围内，固定总成本维持不变；⑤销售价格不随销售量的变化而变化，因此，销售收入是销售价格和销售数量的线形函数；⑥计算所采用的数据均为项目达到设计能力生产期的数据。

2. **答案：** BCD

解析： 净现值指投资项目按基准收益率将各年的净现金流量折现到投资起点的现值之代数和。可以反映出项目在经济寿命期内的获利能力，全面考察了项目在整个计算期内的经济状况。在若干备选方案中，$NPV \geqslant 0$ 的投资方案在经济上是可以接受的；$NPV < 0$ 时，投资方案在经济上时应予拒绝。满足 $NPV > 0$ 的方案为初选方案，具有最大净现值的初选方案为最优方案。

3. **答案：** BDE

解析： 价值工程的工作程序一般分为准备、分析、创新、实施与评价四个阶段。其工作步骤的实质是就是针对产品的功能和成本提出问题、分析问题和解决问题的过程。创新阶段的工作步骤：方案创新、方案评价、提案编写。

4. **答案：** BC

解析：根据预算定额的规定，各类稳定土基层、级配碎石、级配砾石路面基层的压实厚度在 15cm 以内，填隙碎石一层的压实厚度在 12cm 以内，垫层和其他种类的基层和底基层压实厚度在 20cm 以内，拖拉机、平地机和压路机台班按定额数量计算。如超过以上压实厚度进行分层拌和、碾压时，拖拉机、平地机和压路机台班按定额数量加倍，每 1 000m^2 增加 3 个工日。

5. **答案**：ABDE

解析：按公路工程概预算编制办法的规定：人工费内容包括基本工资、工资性补贴、生产工人辅助工资、职工福利费。生产工人探亲期间的工资、生产工人学习培训期间的工资属于生产工人辅助工资，生产工人劳动保护费属于基本工资。生产工人的退休工资属于企业管理费中的劳动保险费，不属于生产工人人工费，所以，C 选项错误。

6. **答案**：AB

解析：材料费是指施工过程中耗用的构成工程实体的原材料、辅助材料、构（配）件、零件、半成品、成品的用量和周转材料的摊销量，按工程所在地的材料预算价格计算的费用。所以，A 和 B 选项正确。对建筑材料进行一般性鉴定检查支出的费用属于其他工程费，搭建临时建筑物消耗的材料费属于临时设施费，机械设备的辅助材料费属于机械使用费。

7. **答案**：ABCD

解析：招标文件的组成包括：招标公告（或投标邀请书）、投标人须知、评标办法、合同条款及格式、工程量清单、图纸、技术规范、投标文件格式、问题的澄清等。

8. **答案**：ABCD

解析：投标文件应包括下列内容：①投标函及投标函附录；②法定代表人身份证明或附有法定代表人身份证明的授权委托书；③联合体协议书；④投标保证金；⑤已标价工程量清单；⑥施工组织设计；⑦项目管理机构；⑧拟分包项目情况表；⑨资格审查资料；⑩承诺函；⑪调价函及调价后的工程量清单（如有）；⑫投标人须知前附表规定的其他材料。

9. **答案**：ABCD

解析：机械台班单价由不变费用和可变费用组成。不变费用包括折旧费、大修理费、经常修理费、安装拆卸及辅助设施费等；可变费用包括机上人员人工费、动力燃料费及车船使用税。

10. **答案**：ABDE

解析：确定新增固定资产价值的作用：①如实反映企业固定资产价值的增减变化，保证核算的统一性；②真实反映企业固定资产的占用额；③正确计提企业固定资产折旧；④反映一定范围内固定资产再生产的规模与速度；⑤分析国民经济各部门的技术构成变化及相互间适应的情况。

11. **答案**：BCE

解析：合同支付项目包括：开工预付款、材料设备预付款、工程变更费用、价格调整费用、索赔费用、质量保证金、逾期交工违约金、逾期付款违约金、提前交工奖金、迟付款利息等。

12. **答案：** ABD

解析：《公路工程标准施工招标文件》（2009 年版）规定，除非监理人另有指示，凡超过图纸或监理人规定尺寸的开挖，均不予计量。所以，C 选项错误。石方爆破安全措施、弃方的运输和堆放、质量检验、临时道路和临时排水等均含入相关子目单价或费率之中，不另行计量。所以，E 选项错误。其他选项正确。

13. **答案：** AC

解析： 成本偏差为正表示施工成本超支，为负表示施工成本节约。进度偏差为正表示工期拖延，为负表示工期提前。

14. **答案：** ABCD

解析： 项目资本金可以用货币出资，也可以用实物、工业产权、非专利技术、土地使用权、资源开采权作价出资，但除国家对采用高新技术成果有特殊规定外，其比例不得超过项目资本金总额的 20%。

15. **答案：** CDE

解析： 资产负债表是反映企业在某一特定日期的财务状况的会计报表。其作用包括：①表明企业拥有或控制的资源及其分布情况；②反映企业负债和所有者权益情况，可以反映所有者所拥有的权益；③反映企业的流动性和财务实力，可以表明企业的变现能力、偿债能力和资金周转能力，从而有助于报表使用者做出经济决策。

16. **答案：** AB

解析： 横道图法具有形象、直观，一目了然的优点，准确表达施工成本的绝对偏差，但反映的信息量少，一般在较高管理层应用。表格法具有灵活、适用性强，信息量大，可以电算，提高速度。曲线法表示的是累计偏差，形象、直观的特点，但很难定量分析。

17. **答案：** ABC

解析：《公路工程标准施工招标文件》（2009 年版）中规定，承包人遇到不利物质条件时，承包人因采取合理措施而增加的费用和（或）工期延误，由发包人承担，所以，A 选项正确。B、C 选项属于发包人的责任，既可以索赔工期，也可以索赔费用，所以 B、C 选项正确。D、E 选项属于承包人的责任，不构成索赔。

18. **答案：** AE

解析： 时标网络计划中的波形线表示的是局部时差，所以，A 选项正确。单代号网络计划中可能存在多项工作同时开始或多项工作同时结束的情况，需要引入虚工作，所以，B 选项错误。单代号网络计划中不存在虚箭线，所以，C 选项错误。双代号网络计划可能存在虚工作，用虚箭线表示，所以，D 选项错误，E 选项正确。

19. **答案：** CE

解析： 索赔是指在合同的履行过程中，作为合同中合法的权利一方，因对方不履行或未能正确履行合同所规定的义务而受到损失，向对方提出赔偿要求的过程。在施工中造成承包人的损失不外乎一是时间，二是费用，所以，按索赔的目的不同，索赔可分为时间索赔和费用索赔。

20. **答案**：ACD

解析：在履行合同过程中，经发包人同意，监理人可按合同条款约定的变更程序向承包人作出变更指示，承包人应遵照执行。没有监理人的变更指示，承包人不得擅自变更。所以，B、E 选项错误。

三、判断题

1. **答案**：√

解析：价值工程的概念可叙述为：价值工程是通过各相关领域的协作，对所研究对象的功能与费用进行系统分析，不断创新，旨在提高所研究对象价值的思想方法和管理技术。其目的是以研究对象的最低寿命周期成本可靠地实现使用者所需功能，以获取最佳的综合效益。

2. **答案**：×

解析：编制施工图预算很重要的依据是外业调查资料，外业调查资料的收集与整理是和施工图设计的勘察设计同时进行的。

3. **答案**：×

解析：施工企业投标报价按照企业定额水平，结合企业自身技术力量、管理水平、市场情况等因素综合报价，不受国家颁布的定额和造价编制办法的约束。

4. **答案**：√

解析：财务费用是指施工企业为筹集资金而发生的各项费用，包括企业经营期间发生的短期贷款利息净支出、汇兑净损失、调剂外汇手续费、金融机构手续费，以及企业筹集资金发生的其他财务费用。

5. **答案**：√

解析：按照《公路工程标准施工招标文件》（2009 年版）的规定，联合体各方不得再以自己名义单独或参加其他联合体在同一标段中投标。

6. **答案**：√

解析：会增加工程量的项目的提高报价，在工程实施过程中会获得更多的利润，所以对投标人有利。

7. **答案**：√

解析：成本偏差为正表示施工成本超支，为负表示施工成本节约。进度偏差为正表示工期拖延，为负表示工期提前。

8. **答案**：√

解析：招标采用的合同形式按计价方法的不同，一般分为总价合同、单价合同和成本加酬金合同三种主要形式。单价合同的特点是合同的可操作性强，对图纸质量和设计深度的适应范围广，特别是合同执行过程中，便于处理工程变更和施工索赔，合同的公平性更好，承包人的风险责任小，有利于降低投标报价，在国内广泛使用。

9. **答案**：√

解析：虚工作用虚箭杆线表示，表示的工作既不消耗时间也不消耗资源，而是一个假想的工作，它只是表示相邻前后工作之间的逻辑关系。

10. **答案**：×

解析：《公路工程标准施工招标文件》（2009 年版）中规定，不可抗力解除合同后的付款，参照发包人违约解除合同后的约定执行，即第 22. 2. 4 项约定。

四、综合分析题

1. **答案**：

（1）外购碎石预算单价计算。

$$(45 + 15 \times 0.5 \times 1.5 \times 1.5) \times 1.01 \times 1.025 = 64.06\ (元/m^3)$$

（2）考虑利用隧道弃渣自行加工碎石预算单价计算。

片石单价计算：

$$27.7 \times 45 \times 1.05 \div 100 = 13.09\ (元/m^3)$$

碎石单价计算：

$$(48.3 \times 45 \times 1.05 + 116.9 \times 13.09 + 6.49 \times 150 + 6.6 \times 170) \div 100 = 59.08\ (元/m^3)$$

（3）综合选定。

由于利用隧道弃渣加工碎石单价低于外购碎石单价，因此本项目碎石应利用隧道弃渣进行加工。即本项目 2cm 碎石预算单价为 59. 09 元/m^3。

（4）2cm 碎石预算单价综合计算。

$$64.06 \times 0.6 + 59.08 \times 0.4 = 62.07\ (元/m^3)$$

2. **答案**：

（1）承包人提出索赔的主要依据是施工合同。

（2）承包人有理由就上述三个事件提出费用索赔。

因为这三个事件的发生都是由于业主的原因、责任或承担的风险造成的。

承包人有理由就上述三个事件要求延长工期。

因为上述三项均不属于承包人的过错或失误或违约造成的。

（3）监理工程师应同意承包人就事件 3 提出的费用索赔和工期索赔要求。

因为合同条款规定，承包人应在知道或应当知道索赔事件发生后 28 天内，向监理人递交索赔意向通知书，并说明发生索赔事件的事由。承包人未在前述 28 天内发出索赔意向通知书的，丧失要求追加付款和（或）延长工期的权利。

本案例中，事件 1（开工延误）和事件 2（基础变更）的索赔意向通知书的提交均已超过合同条款规定的时限，承包人丧失了索赔的权利。

只有事件 3（重新装修桥梁外形）索赔的提出符合合同条款规定，因而可获准。